Truman Capote

Die Stimme aus der Wolke

Stories und
Porträts

Rowohlt

Die Übersetzer werden
jeweils am Ende der
Stories und Porträts genannt.

Veröffentlicht im
Rowohlt Taschenbuch Verlag GmbH,
Reinbek bei Hamburg, Januar 1996
Die Texte der vorliegenden Ausgabe
wurden den Bänden «Frühstück bei Tiffany»
und «Wenn die Hunde bellen» entnommen
«Frühstück bei Tiffany», mit freundlicher
Genehmigung des Limes Verlags, Wiesbaden
«Breakfast at Tiffany's» Copyright © 1958
by Truman Capote
«Wenn die Hunde bellen» Copyright © 1974 by Limes
Verlag, Wiesbaden
«The Dogs Bark» Copyright © 1951, 1957, 1965, 1966,
1968, 1969, 1971, 1972, 1973 by Truman Capote
Umschlaggestaltung Walter Hellmann / Beate Becker
(Illustration: Nina Rothfos unter Verwendung eines
Fotos aus dem Archiv Limes Verlag
Satz: Sabon (Linotronic 500)
Gesamtherstellung Clausen & Bosse, Leck
Printed in Germany
200-ISBN 3 499 22012 1

Inhalt

Das Blumenhaus 7

Die Diamanten-Gitarre 37

Eine Weihnachts-Erinnerung 59

Die Stimme aus der Wolke 88

Mae West 102

Louis Armstrong 105

Jean Cocteau und André Gide 108

Humphrey Bogart 114

Marilyn Monroe 116

Jane Bowles 120

Das Blumenhaus

Ottilie hätte eigentlich das glücklichste Mädchen in Port-au-Prince sein müssen. Das sagte auch Baby zu ihr: «Denk doch nur an all das Gute, das du hast.»

«Was denn?» sagte Ottilie, denn sie war eitel und Komplimente waren ihr noch lieber als Fleisch oder Parfüm. «Zum Beispiel wie du aussiehst», sagte Baby. «Du hast eine wunderschöne helle Haut, sogar fast blaue Augen, und so ein hübsches, reizendes Gesicht – kein Mädchen, das auf die Straße geht, hat treuere Kunden, und jeder einzelne von ihnen ist bereit, dir so viel Bier zu kaufen, wie du nur trinken kannst.» Ottilie gab zu, daß es wahr sei, und fuhr fort, ihre Schätze zusammenzuzählen: «Ich habe fünf Seidenkleider und ein Paar grüne Satinschuhe; ich habe drei Goldzähne, die dreißigtausend Francs wert sind, und vielleicht schenkt mir Mr. Jamison oder ein anderer noch ein Armband. Aber, Baby», seufzte sie und konnte nicht sagen, warum sie so unzufrieden war.

Baby war ihre beste Freundin; sie hatte

noch eine Freundin: Rosita. Baby war rund und kam angerollt wie ein Rad; auf einigen ihrer dicken Finger hatten falsche Ringe grüne Reifen hinterlassen, ihre Zähne waren dunkel wie verbrannte Baumstümpfe, und wenn sie lachte, konnte man sie noch auf der See draußen hören, zumindest behaupteten das die Matrosen. Rosita, die andere Freundin, war größer als die meisten Männer und auch stärker. Am Abend, wenn sie die Kunden erwartete, trippelte sie geziert herum und lispelte mit einer einfältigen Kinderstimme, aber tagsüber machte sie lange, ausgreifende Schritte und sprach in einem militärischen Bariton. Beide Freundinnen von Ottilie kamen aus der Dominikanischen Republik und hielten diese Tatsache für Grund genug, sich über die Eingeborenen dieses dunkleren Landes ein wenig erhaben zu fühlen. Es machte ihnen nichts aus, daß Ottilie eine Eingeborene war. «Du hast Köpfchen», sagte Baby zu ihr, und tatsächlich war Klugheit das einzige, wofür Baby schwärmte. Ottilie hatte oft Angst, daß ihre Freundinnen entdecken würden, daß sie weder lesen noch schreiben konnte.

Das Haus, in dem sie lebten und arbeiteten, war wackelig, so schmal wie ein Turm und mit zierlichen Balkonen bedeckt, die mit

Bougainvillea bewachsen waren. Obwohl außen kein Schild angebracht war, wurde es das Champs Elysées genannt. Die Besitzerin, eine altjüngferliche, gebrechlich aussehende Kranke, regierte von einem oben gelegenen Zimmer aus, wo sie sich einschloß, in einem Schaukelstuhl schaukelte und zehn bis zwanzig Coca-Colas am Tag trank. Insgesamt hatte sie acht Damen, die für sie arbeiteten; Ottilie ausgenommen, war keine unter dreißig. Am Abend, wenn sich die Damen auf der Veranda versammelten, wo sie plauderten und mit Papierfächern wedelten, die wie trunkene Falter in der Luft flatterten, sah Ottilie aus wie ein entzückendes, verträumtes Kind inmitten älterer, häßlicher Schwestern.

Ihre Mutter war tot, ihr Vater, ein Pflanzer, war nach Frankreich zurückgekehrt, und sie war in den Bergen von einer derben Bauernfamilie aufgezogen worden. Jeder der Söhne hatte mit ihr in sehr jungen Jahren an irgendeinem grünen, schattigen Platz geschlafen. Vor drei Jahren, als sie vierzehn gewesen, war sie zum erstenmal zum Markt nach Port-au-Prince heruntergekommen. Die Reise dauerte zwei Tage und eine Nacht, und sie war zu Fuß gegangen und hatte einen zehn Pfund schweren Sack Getreide getragen. Um die Last zu verringern, hatte sie ein wenig Getreide herausfließen lassen, und dann noch ein wenig, und als sie den Markt erreicht hatte, war fast keines mehr übrig gewesen. Ottilie hatte geweint, weil sie daran dachte, wie zornig die Familie sein würde, wenn sie ohne das Geld für das Getreide heimkäme, aber ihre Tränen flossen nicht lange: ein so lustiger, netter Mann half ihr sie zu trocknen. Er kaufte ihr eine Schnitte Kokosnuß und brachte sie zu seiner Kusine, der Besitzerin des Champs Elysées. Ottilie konnte ihr Glück gar nicht fassen; die Musik aus dem Spielautomaten, die Satinschuhe und die scherzenden Männer waren so neu und wunderbar wie die elektrische Glühbirne in ihrem Zimmer, die ein- und auszuknipsen sie nicht müde wurde. Bald wurde von allen Straßenmädchen über sie am meisten gesprochen, und die Besitzerin konnte für sie den doppelten Preis verlangen, und Ottilie wurde eitel. Sie konnte sich stundenlang vor einem Spiegel drehen. Selten nur dachte sie an die Berge; und doch war nach drei Jahren immer noch viel von den Bergen in ihr: immer noch schien der Bergwind um sie zu wehen, und ihre harten, hohen Hüften waren nicht weich geworden, ebensowenig wie ihre Fußsohlen, die so rauh waren wie die Haut einer Eidechse.

Wenn ihre Freundinnen von der Liebe und von Männern, die sie geliebt hatten, sprachen, wurde Ottilie verdrießlich. «Was hat man für ein Gefühl, wenn man liebt?» fragte sie. «Ah», sagte Rosita mit einem Blick, als vergingen ihr die Sinne, «man hat ein Gefühl, als sei einem Pfeffer aufs Herz gestreut worden, als schwämmen in den Adern winzige Fische.» Ottilie schüttelte den Kopf; wenn Rosita die Wahrheit sagte, dann hatte sie noch nie geliebt, denn sie hatte noch bei keinem der Männer, die in das Haus kamen, ein solches Gefühl gehabt. Sie machte sich darüber so viele Gedanken, daß sie zuletzt zu einem *Houngan* ging, der in den Hügeln oberhalb der Stadt wohnte. Im Gegensatz zu ihren Freundinnen hängte Ottilie keine christlichen Bilder an die Wände ihres Zimmers; sie glaubte nicht an Gott, sondern an viele Götter: Götter der Nahrung, des Lichtes, des Todes, des Verderbens. Der Houngan stand mit diesen Göttern in Verbindung; er verwahrte ihre Geheimnisse auf seinem Altar, konnte im Klappern eines Kürbisses ihre Stimmen hören, konnte ihre Kraft in einem Trank austeilen. Im Namen der Götter gab er ihr folgende Botschaft: «Du mußt eine wilde Biene fangen», sagte er, «und sie in deiner geschlossenen Hand halten... wenn die Biene nicht sticht, dann weißt du, daß du die Liebe gefunden hast.»

Auf dem Heimweg dachte sie an Mr. Jamison. Er war ein Mann über fünfzig, ein Amerikaner, der mit irgendeinem technischen Projekt zu tun hatte. Die goldenen Armbänder, die an ihren Handgelenken klimperten, waren Geschenke von ihm, und als Ottilie an einem Zaun vorbeiging, der mit Geißblatt bewachsen war, fragte sie sich, ob sie nicht vielleicht doch Mr. Jamison liebe. Schwarze Bienen hingen am Geißblatt. Mit einer mutigen Handbewegung fing sie eine, die gerade schlummerte. Ihr Stich war wie ein Schlag, der sie in die Knie zwang; und da kniete sie und weinte, bis es schwer war zu sagen, ob die Biene sie in die Hand oder in die Augen gestochen hatte.

Es war März und ging schon auf den Karneval zu. Im Champs Elysées nähten die Damen an ihren Kostümen; Ottilies Hände waren müßig, denn sie hatte beschlossen, überhaupt kein Kostüm zu tragen. An turbulenten Wochenenden, wenn die Trommeln zum aufgehenden Mond emporklangen, saß sie an ihrem Fenster und sah zerstreut den kleinen Gruppen von Sängern zu, die die Straße entlang tanzten und trommelten; sie horchte auf das Pfeifen und das Lachen und hatte keine Lust mitzumachen. «Man könnte meinen, du seiest tausend Jahre alt», sagte Baby, und Rosita sagte: «Ottilie, warum kommst du nicht mit uns zu den Hahnenkämpfen?»

Sie sprach nicht von einem gewöhnlichen Hahnenkampf. Aus allen Teilen der Insel waren Teilnehmer eingetroffen und hatten ihre wildesten Vögel mitgebracht. Ottilie fand, sie könne eigentlich mitgehen, und schraubte ein Paar Perlen an ihre Ohren. Als sie hinkamen, war der Wettkampf bereits im Gange; in einem großen Zelt schluchzte und brüllte eine riesige Menschenmenge, während sich eine zweite Menge, diejenigen, die nicht hineinkommen konnten, draußen drängte. Für die Damen vom Champs Elysées war es kein Problem, hineinzukommen: ein befreundeter Polizist bahnte ihnen den Weg und machte für sie einen Platz auf einer Bank am Ring frei. Die Leute vom Lande, die um sie herum saßen, schienen verlegen zu sein, daß sie in so vornehme Gesellschaft geraten waren. Sie warfen scheue Blicke auf Babys lakkierte Fingernägel, auf die kristallbesetzten Kämme in Rositas Haar und auf Ottilies schimmernde Perlenohrringe. Die Kämpfe waren jedoch spannend, und bald waren die Damen vergessen; Baby ärgerte sich darüber und ließ ihre Blicke auf der Suche nach Augen, die in ihre Richtung blickten, umherschweifen. Plötzlich stieß sie Ottilie an. «Ottilie», sagte sie, «du hast einen Bewunderer. Siehst du den Jungen da drüben, er starrt dich an, als wärst du etwas Kühles zu trinken.»

Zuerst dachte sie, es müsse ein Bekannter sein, weil er sie ansah, als sollte sie ihn wiedererkennen; aber wie konnte sie ihn denn kennen, wenn sie noch niemals jemanden gekannt hatte, der so schön war, der so lange Beine und kleine Ohren hatte? Sie konnte sehen, daß er aus den Bergen kam, sie sah es an seinem Strohhut und dem verschossenen Blau seines groben Hemdes. Seine Haut war braungelb, glänzend wie eine Zitrone und glatt wie ein Guavenblatt, und die Haltung seines Kopfes war so stolz wie der schwarze und scharlachrote Vogel, den er in den Händen hielt. Ottilie war es gewohnt, die Männer frech anzulächeln; aber jetzt war ihr Lächeln bruchstückhaft, es hing an ihren Lippen wie Kuchenkrümel.

Schließlich kam eine Pause. Die Arena wurde frei gemacht und alle, die konnten, drängten sich hinauf, um zu tanzen und zu stampfen, während ein Orchester aus Trommeln und Saiteninstrumenten Karnevalslieder spielte. In diesem Augenblick näherte sich der junge Mann Ottilie; sie lachte, als sie sah, wie sein Vogel wie ein Papagei auf seiner Schulter hockte. «Verschwind», sagte Baby, die empört war, daß ein Bauer Ottilie zum Tanzen aufforderte, und Rosita erhob sich drohend, um sich zwischen den jungen Mann und ihre Freundin zu stellen. Er lächelte nur und sagte: «Bitte, gnädige Frau, ich möchte gerne mit Ihrer Tochter sprechen.» Ottilie fühlte, wie sie hochgehoben wurde, fühlte, wie sich ihre Hüften im Takt der Musik an seine Hüften schmiegten, und es machte ihr gar nichts aus. Sie ließ sich von ihm in das dichteste Gedränge der Tanzenden führen. Rosita sagte: «Hast du das gehört, er dachte, ich sei ihre Mutter?» Und Baby tröstete sie und sagte finster: «Was kann man denn schließlich von ihnen erwarten? Sie sind doch nur Eingeborene, alle beide. Wenn sie zurückkommt, tun wir einfach so, als würden wir sie nicht kennen.»

Ottilie aber kam nicht zu ihren Freundinnen zurück. Royal, so hieß der junge Mann, Royal Bonaparte, wie er ihr sagte, hatte nicht tanzen wollen. «Wir müssen an einen stillen Platz gehen», sagte er, «nimm meine Hand, und ich führe dich.» Sie fand ihn seltsam, hatte bei ihm aber kein fremdes Gefühl, denn in ihr waren immer noch die Berge, und er kam aus den Bergen. Während der schillernde Vogel auf seiner Schulter schwankte, verließen sie Hand in Hand das Zelt und wanderten langsam die weiße Straße entlang, dann über einen weichen Weg, wo Sonnenvögel durch die grünen, schräggeneigten Akazienbäume flatterten.

«Ich bin traurig», sagte er und sah dabei nicht traurig aus. «In meinem Dorf ist Juno ein Champion, aber die Vögel hier sind stark und häßlich, und wenn ich ihn kämpfen ließe, hätte ich nur einen toten Juno. So werde ich ihn nach Hause nehmen und sagen, er habe gewonnen. Ottilie, willst du eine Prise nehmen?»

Sie schnupfte genießerisch. Schnupftabak erinnerte sie an ihre Kindheit, und obwohl diese Jahre schlimm gewesen waren, berührte sie doch das Heimweh mit seinem weitreichenden Zauberstab. «Royal», sagte sie, «bleib einen Augenblick stehen, ich möchte meine Schuhe ausziehen.»

Royal selbst hatte keine Schuhe; seine goldfarbenen Füße waren schlank und zierlich, und die Spuren, die sie hinterließen, waren wie die Fährte eines grazilen Tieres. Er sagte: «Wie kommt es, daß ich dich hier finde, ausgerechnet hier, wo nichts gut ist, wo der Rum schlecht ist und die Leute Diebe sind? Wieso finde ich dich hier, Ottilie?»

«Weil ich leben muß, so wie du, und hier ist ein Platz für mich. Ich arbeite in einem – oh, einer Art Hotel.»

«Wir haben unser eigenes Land», sagte er. «Den ganzen Hang eines Berges, und am Gipfel dieses Berges ist mein kühles Haus. Ottilie, willst du kommen und darinnen sitzen?»

«Verrückt», neckte ihn Ottilie, «verrückt», und sie lief zwischen den Bäumen, und er lief ihr nach und streckte die Arme aus, als hielte er ein Netz. Der Vogel Juno breitete seine Flügel aus, krähte und flog auf die Erde. Kratzige Blätter und pelziges Moos kitzelten Ottilies Fußsohlen, als sie sich durch die Schatten schlängelte; plötzlich ließ sie sich mit einem Dorn in der Ferse in ein Dickicht aus Regenbogenfarn fallen. Sie zuckte, als Royal den Dorn herauszog; er küßte die Stelle, an der er gewesen war, seine Lippen wanderten zu ihren Händen, ihrem Hals, und es war, als wäre sie zwischen schwebenden Blättern. Sie atmete seinen Duft ein, den dunklen, sauberen Duft, der an Wurzeln erinnerte, an Wurzeln von Geranien, von mächtigen Bäumen.

«Jetzt ist es genug», bat sie, obwohl sie nicht das Gefühl hatte, als sei es wirklich genug: es war nur, daß nach einer Stunde mit ihm ihr Herz am Zerspringen war. Er war daraufhin still. Sein Kopf, dessen Haar sie kitzelte, ruhte über ihrem Herzen, und sie sagte schhhh zu den Schnaken, die um seine schlafenden Augen schwärmten, und pssst zu Juno, der herumstolzierte und zum Himmel emporkrähte.

Während sie dalag, sah Ottilie ihre alten Feinde, die Bienen. Still und im Gänsemarsch wie Ameisen krochen die Bienen in einen abgebrochenen Baumstumpf, der nicht weit von ihr entfernt war, hinein und heraus. Sie löste sich aus Royals Armen und ebnete einen Platz auf dem Boden für seinen Kopf. Ihre Hand zitterte, als sie sie den Bienen in den Weg legte, aber die erste, die daherkam, purzelte auf ihre Handfläche, und als sie die Finger schloß, machte sie keine Anstalten, ihr weh zu tun. Sie zählte bis zehn, um sicherzugehen, dann öffnete sie die Hand, und die Biene stieg mit einem freudigen Gesang in Spiralen in die Luft.

Die Besitzerin gab Baby und Rosita einen guten Rat: «Laßt sie in Ruhe, laßt sie gehen, in ein paar Wochen kommt sie schon wieder.» Die Besitzerin sprach in der Ruhe nach dem Sturm, nach der Niederlage: um Ottilie zu halten, hatte sie ihr das Zimmer im Haus, einen neuen Goldzahn, eine Kodak, einen Ventilator angeboten, aber Ottilie hatte nicht geschwankt, sie hatte einfach weiter ihre Sachen in einen Karton gepackt. Baby versuchte ihr zu helfen, aber sie weinte so sehr, daß Ottilie sie daran hindern mußte: es mußte doch Unglück bringen, wenn diese vielen Tränen auf die Ausstattung einer Braut fielen. Und zu Rosita sagte sie: «Rosita, du solltest dich für mich freuen, statt dazustehen und deine Hände zu ringen.»

Schon zwei Tage nach dem Hahnenkampf schulterte Royal Ottilies Karton und führte sie in der Abenddämmerung den Bergen entgegen. Als es bekannt wurde, daß sie nicht mehr im Champs Elysées war, gingen viele Kunden zu einer anderen Firma; andere, die zwar dem alten Lokal treu blieben, beklagten sich über die Düsterkeit der Atmosphäre. An einigen Abenden war kaum jemand da, um den Damen ein Bier zu kaufen. Allmählich fühlte man, daß Ottilie doch nicht zurückkommen würde; nach sechs Monaten sagte die Besitzerin: «Sie muß tot sein.»

Royals Haus war wie ein Blumenhaus; Glyzinien bedeckten das Dach, ein Vorhang aus Wein beschattete die Fenster, Lilien blühten an der Tür. Aus den Fenstern konnte man das ferne, schwache Schimmern des Meeres sehen, da das Haus hoch oben auf einem Berg stand; hier brannte die Sonne heiß, aber die Schatten waren kühl. Innen war das Haus immer dunkel und kühl, und an den Wänden raschelten aufgeklebte rosa und grüne Zeitungen. Es gab nur einen einzigen Raum; er enthielt einen Ofen, einen wackeligen Spiegel auf einem Marmortisch und ein Messingbett, das groß genug war für drei dicke Männer.

Aber Ottilie schlief nicht in diesem großartigen Bett. Sie durfte nicht einmal darauf sitzen, denn es gehörte Royals Großmutter, Old Bonaparte. Sie war ein eingefallenes, verhutzeltes Wesen, hatte O-Beine wie ein Zwerg und war kahl wie ein Bussard und wurde auf Meilen im Umkreis als Zauberin gefürchtet. Viele hatten Angst, ihren Schatten auf sich fallen zu lassen; selbst Royal war vor ihr auf der Hut, und er stotterte, als er ihr sagte, daß er eine Frau nach Hause gebracht habe. Die alte Frau winkte Ottilie zu sich heran und zwickte sie boshaft hier und dort, und dann sagte sie zu ihrem Enkel, daß seine Braut zu mager sei: «Sie wird im ersten Wochenbett sterben.»

Jede Nacht wartete das junge Paar mit der Liebe, bis sie glaubten, daß Old Bonaparte eingeschlafen war. Manchmal, wenn Ottilie auf dem vom Mond beschienenen Strohsack ausgestreckt lag, auf dem sie schliefen, war sie sicher, daß Old Bonaparte wach war und sie beobachtete. Einmal sah sie ein klebriges, vom Sternenlicht erhelltes Auge in der Dunkelheit leuchten. Es hatte keinen Sinn, sich bei Royal zu beklagen, er lachte nur: Was machte es denn schon aus, wenn eine alte Frau, die so viel vom Leben gesehen hatte, noch ein wenig mehr sehen wollte?

Da sie Royal liebte, ließ Ottilie diese Dinge nicht an sich herankommen und versuchte, sich über Old Bonaparte nicht zu ärgern. Lange Zeit war sie glücklich; sie vermißte weder ihre Freundinnen noch das Leben in Port-au-Prince; trotzdem hielt sie ihre Andenken an jene Tage gut in Ordnung: Mit einem Nähkörbchen, das ihr Baby als Hochzeitsgeschenk gegeben hatte, flickte sie die Seidenkleider und die grünen Seidenstrümpfe, die sie jetzt niemals trug, denn wo hätte sie sie tragen sollen. Nur Männer versammelten sich im Café im Dorf bei den Hahnenkämpfen. Wenn die Frauen zusammenkommen wollten, trafen sie sich am Bach bei der Wäsche. Aber Ottilie war zu beschäftigt, um sich einsam zu fühlen. Bei Tagesanbruch sammelte sie Eukalyptusblätter, um

Feuer zu machen und ihre Mahlzeiten zu kochen; Hühner mußten gefüttert werden, Old Bonaparte jammerte um Aufmerksamkeit. Drei- oder viermal am Tage füllte sie einen Eimer mit Trinkwasser und trug ihn dahin, wo Royal in den Zuckerrohrfeldern eineinhalb Kilometer unterhalb des Hauses arbeitete. Es machte ihr nichts aus, daß er bei diesen Besuchen barsch zu ihr war, sie wußte, daß er sich nur vor den anderen Männern aufspielte, die in den Feldern arbeiteten und sie angrinsten wie aufgeschnittene Wassermelonen. Aber am Abend, wenn sie ihn zu Hause hatte, zog sie ihn an den Ohren und schmollte, weil er sie wie einen Hund behandele, bis er sie in der Dunkelheit des Hofes, wo die Leuchtkäfer leuchteten, festhielt und ihr etwas ins Ohr flüsterte, so daß sie lächeln mußte.

Sie waren ungefähr fünf Monate verheiratet, als Royal begann, alles zu tun, was er vor der Hochzeit getan hatte. Andere Männer gingen auch am Abend ins Café und blieben ganze Sonntage bei den Hahnenkämpfen – er konnte nicht verstehen, warum sich Ottilie darüber aufregte. Aber sie sagte, er habe kein Recht, sich so zu benehmen, und daß er sie nicht mit diesem boshaften alten Weib allein lassen würde, wenn er sie liebe. «Ich liebe dich», sagte er, «aber ein Mann muß auch sein Vergnügen haben.» Es gab Nächte, in denen er seinem Vergnügen nachging, bis der Mond hoch am Himmel stand; sie wußte nie, wann er nach Hause kommen würde, und sie lag auf ihrer Matratze und kränkte sich und bildete sich ein, daß sie nicht schlafen könne, wenn sie nicht seine Arme um sich fühlte.

Aber die wirkliche Qual war Old Bonaparte. Sie war nahe daran, Ottilie zur Verzweiflung zu bringen. Wenn Ottilie kochte, kam bestimmt das schreckliche alte Weib zum Ofen und schnüffelte herum, und wenn sie das nicht mochte, was es zum Essen gab, nahm sie einen Mundvoll und spuckte es auf den Fußboden. Jeden Schmutz und jede Unordnung, die sie sich ausdenken konnte, machte sie: sie machte ins Bett, bestand darauf, die Ziege ins Zimmer zu nehmen, und was sie auch immer anfaßte, war bald verschüttet oder zerbrochen, und Royal gegenüber klagte sie, daß eine Frau, die für ihren Mann das Haus nicht in Ordnung halten könne, nichts tauge. Sie war den ganzen Tag auf den Beinen, und ihre roten, unbarmherzigen Augen waren selten geschlossen. Aber das Schlimmste, das, was Ottilie schließlich dazu brachte, ihr zu drohen, sie werde sie umbringen, war ihre Gewohnheit, plötzlich heranzuschleichen und sie so heftig zu kneifen, daß man die Abdrücke ihrer Fingernägel sehen konnte. «Wenn du das noch ein einziges Mal machst, wenn du dich noch einmal unterstehst, nehme ich dieses Messer und schneide dir das Herz heraus!» Old Bonaparte wußte, daß es Ottilie ernst meinte, und obwohl sie das Kneifen ließ, dachte sie sich andere Scherze aus: Zum Beispiel ließ sie es sich angelegen sein, kreuz und quer über einen bestimmten Teil des Hofes zu gehen und so zu tun, als wisse sie nicht, daß Ottilie dort einen kleinen Garten gepflanzt hatte.

Eines Tages geschahen zwei außergewöhnliche Dinge. Ein Knabe kam aus dem Dorf und brachte einen Brief für Ottilie; im Champs Elysées hatte sie von Zeit zu Zeit Postkarten von Matrosen und anderen reisenden Männern bekommen, die mit ihr angenehme Stunden verbracht hatten, aber das war der erste Brief, den sie jemals erhalten hatte. Da sie ihn nicht lesen konnte, war ihr erster Gedanke, ihn zu zerreißen. Es war sinnlos, ihn herumliegen zu lassen, so daß er sie verfolgen konnte. Natürlich bestand die Möglichkeit, daß sie eines Tages lesen lernen würde; und so ging sie, um ihn in ihrem Nähkörbchen zu verstecken.

Als sie das Nähkörbchen öffnete, machte

sie eine unheimliche Entdeckung: wie ein grausiges Wollknäuel lag da der abgeschnittene Kopf einer gelben Katze. So war also das elende alte Weib auf neue Streiche aus! Sie will mich verhexen, dachte Ottilie, die sich nicht im geringsten fürchtete. Sie nahm den Kopf vorsichtig an einem Ohr heraus und trug ihn zum Ofen, wo sie ihn in einen Topf mit siedendem Wasser warf. Zu Mittag sog Old Bonaparte an ihren Zähnen und bemerkte, daß die Suppe, die Ottilie für sie gemacht hatte, erstaunlich gut schmecke.

Am nächsten Morgen fand sie gerade rechtzeitig für das Mittagessen eine kleine grüne Schlange, die sich in ihrem Körbchen schlängelte. Sie hackte sie so fein wie Sand und streute sie über eine Portion Schmorfleisch. Jeden Tag wurde ihre Phantasie auf die Probe gestellt: es gab Spinnen zu backen, eine Eidechse zu braten, die Brust eines Bussards zu kochen. Old Bonaparte aß von allem mehrere Portionen. Mit einem rastlosen Glitzern verfolgten ihre Augen Ottilie, während sie auf irgendein Zeichen wartete, daß der Zauber zu wirken begänne. «Du siehst nicht gut aus, Ottilie», sagte sie und mischte ein wenig Sirup in den Essig ihrer Stimme. «Du ißt wie eine Ameise; warum nimmst du dir nicht einen Teller von dieser guten Suppe?»

«Weil ich keinen Bussard in der Suppe mag», antwortete Ottilie ruhig, «oder Spinnen in meinem Brot, Schlangen im Schmorfleisch: ich habe keinen Appetit auf solche Dinge.»

Old Bonaparte verstand; mit schwellenden Adern und gelähmter, kraftloser Zunge erhob sie sich zitternd und fiel dann über den Tisch. Vor Einbruch der Nacht war sie tot.

Royal ließ Klageleute kommen. Sie kamen aus dem Dorf und von den benachbarten Bergen, und sie belagerten das Haus, indem sie heulten wie Hunde um Mitternacht. Alte Frauen schlugen mit den Köpfen gegen die Wände, stöhnende Männer warfen sich zu Boden: es war die Kunst des Schmerzes, und diejenigen, die den Kummer am besten spielten, wurden sehr bewundert. Nach dem Begräbnis gingen alle fort und waren befriedigt, weil sie gute Arbeit geleistet hatten.

Jetzt gehörte das Haus Ottilie. Ohne das Herumschnüffeln und den Schmutz von Old Bonaparte, den sie hatte wegräumen müssen, hatte sie mehr freie Zeit, aber sie wußte nichts damit anzufangen. Sie räkelte sich auf dem großen Messingbett, sie trödelte vor dem Spiegel herum. Die Eintönigkeit brummte in ihrem Kopf, und um ihr Fliegengebrumm zu vertreiben, sang sie die Lieder, die sie aus dem Musikautomaten im Champs Elysées gelernt hatte. Wenn sie in der Dämmerung auf Royal wartete, erinnerte sie sich, daß zu dieser Stunde ihre Freundinnen in Port-au-Prince auf der Veranda plauderten und warteten, daß ein Wagen umkehrte; aber wenn sie sah, wie Royal gemächlich den Pfad heraufkam und sein Zuckerrohrmesser wie ein Halbmond an seiner Seite baumelte, vergaß sie solche Gedanken und lief ihm mit zufriedenem Herzen entgegen.

Eines Nachts, als sie halb eingeschlafen waren, fühlte Ottilie plötzlich, daß noch jemand im Zimmer war. Dann sah sie am Fußende des Bettes ein Auge leuchten, das sie beobachtete, so wie sie es schon früher gesehen hatte. Jetzt wußte sie, was sie schon seit einiger Zeit vermutete: daß Old Bonaparte tot, aber nicht fort war. Als sie einmal allein im Hause gewesen war, hatte sie ein Lachen gehört, und ein anderes Mal hatte sie draußen im Hof gesehen, wie die Ziege jemanden anstarrte, der gar nicht da war, und wie sie mit den Ohren zuckte, so wie sie es immer getan hatte, wenn sie die alte Frau am Kopf kraulte.

«Hör auf mit dem Bett zu schaukeln», sagte Royal, und Ottilie zeigte mit einem Finger auf das Auge und fragte ihn flüsternd, ob er es nicht sehen könne. Als er antwortete, daß sie träume, faßte sie nach dem Auge und schrie auf, als sie ins Leere griff.

Royal zündete eine Lampe an; er hielt Ottilie fest auf seinem Schoß und streichelte ihr Haar, während sie ihm von den Entdeckungen in ihrem Nähkörbchen erzählte und was sie damit getan hatte. War es böse, was sie getan hatte? Royal wußte es nicht, er konnte es nicht entscheiden, aber er meinte, sie müsse bestraft werden; und warum? Weil es die alte Frau so wollte, weil sie sonst Ottilie niemals in Ruhe lassen würde: das war so mit Gespenstern.

Und so holte Royal am nächsten Morgen ein Seil und schlug vor, Ottilie an einen Baum im Hof zu binden. Da sollte sie bis zur Dunkelheit ohne Essen und Trinken bleiben, und jeder, der vorüberging, würde sehen, daß sie in Schande sei.

Aber Ottilie kroch unter das Bett und weigerte sich hervorzukommen. «Ich laufe davon», jammerte sie. «Royal, wenn du versuchst, mich an diesen alten Baum anzubinden, laufe ich dir davon.»

«Dann müßte ich gehen und dich holen», sagte Royal, «und das wäre nur um so schlimmer für dich.»

Er packte sie am Fußgelenk und zog sie kreischend unter dem Bett hervor. Den ganzen Weg in den Hof hinaus hielt sie sich an Gegenständen fest, an der Tür, einer Rebe, am Bart der Ziege, aber keines dieser Dinge wollte sie festhalten, und Royal wurde nicht daran gehindert, sie an den Baum zu binden. Er machte drei Knoten in das Seil und ging fort zur Arbeit, indem er an seiner Hand sog, in die sie ihn gebissen hatte. Sie schrie ihm alle Schimpfnamen nach, die sie jemals gehört hatte, bis er hinter dem Berg verschwand. Die Ziege, Juno und die Hühner versammelten sich, um sie in ihrer Demütigung anzustarren; Ottilie ließ sich zu Boden fallen und streckte ihnen die Zunge heraus.

Ottilie schlief beinahe, und daher hielt sie es für einen Traum, als in Begleitung eines Kindes aus dem Dorf Baby und Rosita, die unsicher auf hohen Absätzen wackelten und phantasievolle Schirme trugen, den Weg heraufwankten und ihren Namen riefen. Da sie Menschen im Traum waren, würden sie wahrscheinlich nicht erstaunt sein, sie an einen Baum gebunden zu finden.

«Mein Gott, bist du verrückt?» kreischte Baby und hielt sich in einiger Entfernung, als fürchte sie, daß dies tatsächlich der Fall sein müsse. «Sag etwas, Ottilie!»

Blinzelnd und kichernd sagte Ottilie: «Ich freue mich so, euch wiederzusehen. Rosita, bitte binde mich los, damit ich euch beide umarmen kann.»

«Das also macht dieses Scheusal mit dir», sagte Rosita und riß an dem Seil. «Na warte, wenn ich ihn sehe, dich zu schlagen und dich wie einen Hund im Hof anzubinden.»

«O nein», sagte Ottilie, «Royal schlägt mich nie. Ich werde bloß heute bestraft.»

«Du hast nicht auf mich hören wollen», sagte Baby. «Und jetzt siehst du, was du davon hast. Dieser Mann hat sich für eine ganze Menge zu rechtfertigen», fügte sie hinzu und schwang ihren Schirm.

Ottilie umarmte und küßte ihre Freundinnen. «Ist es nicht ein hübsches Haus?» sagte sie und führte sie darauf zu. «Es ist, als hätte man einen Wagen voll Blumen gepflückt und ein Haus darauf gebaut: so meine ich wenigstens. Kommt aus der Sonne und laßt uns hineingehen. Drinnen ist es kühl und es riecht so gut.»

Rosita rümpfte die Nase, als ob das, was sie roch, gar nicht gut sei, und erklärte mit ihrer brunnentiefen Stimme, daß es gewiß besser sei, wenn sie aus der Sonne gingen, da sie anscheinend Ottilies Kopf verwirre.

«Es ist ein Glück, daß wir gekommen sind», sagte Baby und suchte in einer riesigen Handtasche herum. «Und das hast du Mr. Jamison zu verdanken. Madame sagte, du seiest tot, und als du unseren Brief nicht beantwortet hast, dachten wir, das müsse wohl so sein, aber Mr. Jamison, der reizendste Mann, den du je finden wirst, mietete einen Wagen für mich und Rosita, deine liebsten, besten Freundinnen, damit wir hier heraufahren und herausfinden, was mit unserer Ottilie geschehen ist. Ottilie, ich habe hier in meiner Handtasche eine Flasche Rum, hole ein Glas, wir wollen eine Runde trinken.»

Die eleganten, ausländischen Manieren und der auffallende Putz der Stadtdamen hatten ihren Führer, einen kleinen Jungen, dessen neugierige schwarze Augen im Fenster schwebten, berauscht. Auch Ottilie war beeindruckt, denn schon lange hatte sie keine bemalten Lippen mehr gesehen oder Parfüm gerochen, und während Baby den Rum einschenkte, holte sie ihre Satinschuhe und ihre Perlenohrringe hervor.

«Himmel», sagte Rosita, als sich Ottilie fertig hergerichtet hatte, «es gibt keinen einzigen Mann, der dir nicht ein ganzes Fäßchen Bier kaufen würde; wenn man sich das vorstellt, so ein wunderbares Wesen wie du leidet fern von denen, die dich lieben.»

«Ich habe nicht so sehr gelitten», sagte Ottilie. «Nur manchmal.»

«Sei jetzt still», sagte Baby, «du brauchst noch nicht darüber zu sprechen. Es ist jetzt ohnehin alles vorbei. Hier, Liebling, laß mich dein Glas nochmals füllen. Ein Hoch auf die alten Zeiten und auf die zukünftigen! Heute abend wird Mr. Jamison für alle Champagner kaufen: Madame gibt ihn zum halben Preis.»

«Oh», sagte Ottilie und beneidete ihre Freundinnen. Sie wollte wissen, was man von ihr sprach. Erinnerte man sich an sie?

«Ottilie, du hast keine Ahnung», sagte Baby, «Männer, die wir noch nie gesehen haben, sind gekommen und haben gefragt, wo Ottilie ist, weil sie weit weg in Havanna und Miami von dir gehört haben. Und was Mr. Jamison betrifft, so schaut er uns andere Mädchen nicht einmal an, er kommt nur und sitzt auf der Veranda und trinkt für sich allein.»

«Ja», sagte Ottilie wehmütig, «er war immer reizend zu mir, Mr. Jamison.»

Schließlich neigte sich die Sonne, und die

Flasche Rum war dreiviertel leer. Ein kurzer Regenschauer hatte einen Augenblick lang die Berge getränkt, die jetzt durch die Fenster wie Libellenflügel schimmerten, und eine Brise, die mit dem Duft von Blumen nach dem Regen beladen war, streifte durch das Zimmer und raschelte mit den grünen und rosa Papieren an den Wänden. Es waren viele Geschichten erzählt worden, einige davon waren lustig, andere traurig; es war wie das Plaudern an den Abenden im Champs Elysées, und Ottilie war glücklich, wieder dazuzugehören.

«Aber es wird schon spät», sagte Baby, «und wir haben versprochen, vor Mitternacht zurück zu sein. Ottilie, können wir dir packen helfen?»

Obwohl es Ottilie nicht bewußt geworden war, daß ihre Freundinnen erwarteten, sie werde mit ihnen kommen, bewirkte doch der Rum, der sich in ihr regte, daß es ihr natürlich erschien, und mit einem Lächeln dachte sie: Ich habe ihm gesagt, daß ich davonlaufe. «Nur», sagte sie laut, «hätte ich nicht einmal eine Woche, um mich zu amüsieren. Royal wird sofort kommen und mich holen.»

Beide Freundinnen lachten darüber. «Du bist so dumm», sagte Baby. «Ich möchte diesen Royal sehen, wenn einige von unseren Männern mit ihm fertig sind.»

«Ich möchte es keinem raten, Royal etwas zu tun», sagte Ottilie. «Außerdem würde er noch zorniger sein, wenn wir zurückkommen.»

Baby sagte: «Aber Ottilie, du würdest doch nicht mehr mit ihm hierher zurückkommen.»

Ottilie kicherte und schaute sich im Zimmer um, als sähe sie etwas, was für die anderen unsichtbar war. «Aber natürlich würde ich zurückkommen», sagte sie.

Baby rollte mit den Augen und zog einen Fächer hervor, den sie ruckweise vor ihrem Gesicht hin- und herbewegte. «Das ist das Verrückteste, was ich je gehört habe», sagte sie mit harten Lippen. «Ist das nicht das Verrückteste, was du je gehört hast, Rosita?»

«Das ist nur, weil Ottilie so viel durchgemacht hat», sagte Rosita. «Komm, Liebling, leg dich aufs Bett, während wir deine Sachen packen.»

Ottilie schaute zu, wie sie anfingen, ihre Sachen auf einen Haufen zusammenzulegen. Sie schoben ihre Kämme und Haarnadeln zusammen und rollten ihre Seidenstrümpfe auf. Sie zog ihre hübschen Kleider aus, als wolle sie etwas noch Hübscheres anziehen, aber statt dessen schlüpfte sie wieder in ihr altes Kleid; und dann legte sie ruhig, als wolle sie ihren Freundinnen helfen, alles wieder an seinen Platz zurück. Baby stampfte mit dem Fuß, als sie sah, was los war.

«Hör zu», sagte Ottilie. «Wenn du und Rosita meine Freundinnen seid, dann tut bitte das, was ich euch sage: bindet mich im Hof wieder so an, wie ihr mich gefunden habt. So wird mich niemals eine Biene stechen.»

«Sternhagelvoll besoffen», sagte Baby; aber Rosita sagte, sie solle den Mund halten. «Ich glaube», sagte Rosita seufzend, «ich glaube, Ottilie liebt ihn.» Wenn sie Royal zurückhaben wollte, würde Ottilie mit ihm gehen, und da dies eben so war, könnten sie ebensogut nach Hause gehen und sagen, daß Madame recht habe und Ottilie tot sei.

«Ja», sagte Ottilie, denn die Dramatik dieser Darstellung gefiel ihr. «Sagt ihnen, daß ich tot bin.»

Und so gingen sie in den Hof hinaus; dort sagte Baby mit wogender Brust und Augen, die so rund waren wie der Mond, der am Tag über den Himmel eilte, daß sie nichts damit zu tun haben wolle, Ottilie an den Baum zu binden, so daß Rosita es allein tun mußte. Beim Abschied weinte Ottilie am meisten, obwohl sie froh war, daß sie gingen, denn sie wußte, daß sie nicht mehr an sie denken würde, sobald sie fort waren. Während sie auf ihren hohen Absätzen die Mulden im Weg hinunterschwankten, wandten sie sich um, um zu winken, aber Ottilie konnte nicht zurückwinken, und so vergaß sie sie fast noch ehe sie ihren Blicken entschwunden waren.

Während sie Eukalyptusblätter kaute, um ihren Atem zu reinigen, fühlte sie, wie die Kühle der Abenddämmerung die Luft durchdrang. Der Mond wurde gelb, und Vögel, die im Baum ihre Nester hatten, segelten in seine Dunkelheit. Plötzlich, als sie Royal auf dem Weg hörte, warf sie ihre Beine auseinander, ließ ihren Kopf zurückfallen und die Augen weit in ihre Höhlen hinabrollen. Aus einiger Entfernung würde es aussehen, als habe sie ein gewaltsames, klägliches Ende gefunden. Und während sie hörte, wie sich Royals Schritte zum Laufen beschleunigten, dachte sie glücklich: Das wird ihm einen schönen Schreck einjagen.

Deutsch von Marion F. Steipe

Die Diamanten-Gitarre

Dreißig Kilometer ist die nächste Stadt vom Gefangenenlager entfernt. Große Föhrenwälder stehen zwischen dem Lager und der Stadt, und in diesen Wäldern arbeiten die Gefangenen. Sie zapfen Harz ab zur Terpentingewinnung. Das Gefängnis selbst ist in einem Wald. Dort steht es am Ende einer roten, ausgefahrenen Straße, und Stacheldraht breitet sich über seine Mauern wie wilder Wein. Darin leben einhundertundneun weiße Männer, siebenundneunzig Neger und ein Chinese. Es gibt zwei Schlafhäuser – große, grüne Holzgebäude mit Dächern aus Teerpappe. Die weißen Männer bewohnen eines, die Neger und der Chinese das andere. In jedem Schlafhaus ist ein großer, bauchiger Ofen, aber die Winter sind kalt hier, und zur Nacht, wenn die bereiften Föhren hin und her schwingen und ein kaltes Licht vom Monde strahlt, liegen die Männer wach auf ihren eisernen Feldbetten und die Glut des Feuers spielt in ihren Augen.

Diejenigen Männer, deren Betten dem

Ofen am nächsten stehen, sind die bedeutenden – Männer, zu denen man aufschaut oder die man fürchtet. Mr. Schaeffer gehört zu ihnen. Mr. Schaeffer – denn so wird er genannt, als Zeichen besonderen Respekts – ist ein schmächtiger, langer Mann. Er hat rötliches, ergrauendes Haar, und sein Gesicht ist abgemagert, wirkt religiös. Kein Fleisch ist an ihm, man sieht, wie seine Knochen arbeiten, und seine Augen sind von armseligstumpfer Farbe. Er kann lesen und schreiben, und er kann eine Zahlenkolonne zusammenzählen. Wenn einer von den anderen Männern einen Brief erhält, bringt er ihn zu Mr. Schaeffer. Die meisten dieser Briefe sind traurig und klagend. Sehr oft improvisiert Mr. Schaeffer frohere Botschaften und liest nicht, was auf den Seiten steht. Im Schlafhaus gibt es zwei andere Männer, die lesen können. Und trotzdem bringt einer von ihnen seine Briefe zu Mr. Schaeffer, der ihm den Gefallen tut, nie die Wahrheit zu lesen. Mr. Schaeffer selbst bekommt keine Post, nicht einmal zu Weihnachten. Er scheint keine Freunde jenseits des Gefängnisses zu haben, und tatsächlich hat er auch dort keine – das heißt, keinen besonderen Freund. Das war nicht immer so.

An einem Wintersonntag vor einigen Jahren saß Mr. Schaeffer auf den Stufen des Schlafhauses und schnitzte eine Puppe. Er ist ganz geschickt darin. Seine Puppen werden in einzelnen Teilen geschnitzt und dann mit Stückchen von Sprungfederndraht zusammengesetzt. Die Arme und Beine bewegen sich, der Kopf rollt. Wenn er ungefähr ein Dutzend dieser Puppen fertig hat, nimmt sie der Lagerkommandant in die Stadt mit und dort werden sie in einem gewöhnlichen Laden verkauft. Auf diese Art verdient Mr. Schaeffer Geld für Candies und Tabak.

Als er an diesem Sonntag dasaß und die Finger für eine kleine Hand schnitzte, fuhr ein Lastwagen auf den Gefängnishof. Ein junger Bursch, mit Handschellen an den Kommandanten gefesselt, kletterte aus dem Lastwagen und stand da, in die blasse Wintersonne blinzelnd. Mr. Schaeffer warf nur einen Blick auf ihn. Er war damals ein Mann von fünfzig Jahren, und siebzehn davon hatte er im Lager verbracht. Die Ankunft eines neuen Gefangenen konnte ihn nicht aufregen. Sonntag ist ein freier Tag im Lager, und andere Männer, die sich auf dem Hof langweilten, scharten sich um den Lastwagen. Nachher blieben Pick Axe und Goober stehen, um mit Mr. Schaeffer zu sprechen. Pick

Axe sagte: «Er ist ein Ausländer, der Neue. Von Kuba. Aber mit hellem Haar.»

«Ein Messerstecher, sagt der Captain», berichtete Goober, der selber ein Messerstecher war. «Hat einen Matrosen in Mobile gestochen.»

«Zwei Matrosen», sagte Pick Axe. «Aber nur ein Kaffeehausstreit. Er hat die zwei Burschen nicht verletzt.»

«Einem Mann das Ohr abschneiden? Das nennst du ihn nicht verletzen? Dafür kriegt er zwei Jahre, sagt der Captain.»

Pick Axe sagte: «Er hat eine Gitarre, ganz mit Edelsteinen besetzt.»

Es wurde zu dunkel zum Arbeiten. Mr. Schaeffer paßte die Teile seiner Puppe zusammen und setzte sie, ihre kleinen Hände haltend, auf seine Knie. Er rollte eine Zigarette. Die Föhren waren blau im Licht der untergehenden Sonne, und der Rauch seiner Zigarette blieb in der kalten, dämmernden Luft stehen. Er sah den Captain über den Hof kommen. Der neue Gefangene, ein blonder Junge, folgte mit einem Schritt Abstand. Er trug eine Gitarre, die mit gläsernen Diamanten besetzt war, die wie Sterne funkelten, und seine neue Uniform war zu weit für ihn. Sie schaute wie ein Allerseelengewand aus.

«Da ist jemand für Sie, Schaeffer», sagte

der Kommandant, als er bei den Stufen des Schlafhauses stehenblieb. Der Captain war kein harter Mann. Gelegentlich lud er Mr. Schaeffer in sein Büro ein und sie sprachen miteinander über Dinge, die sie in der Zeitung gelesen hatten. «Tico Feo», sagte er, als wäre es der Name eines Vogels oder eines Liedes, «das ist Mr. Schaeffer. Wenn du dich an ihn hältst, wirst du's recht machen.»

Mr. Schaeffer sah zu dem Jungen auf und lächelte. Er lächelte ihn länger an, als er es wollte, denn der Junge hatte Augen wie ein Stückchen Himmel – blau wie der Winterabend –, und sein Haar war so golden wie die Zähne des Captains. Er hatte ein zu Späßen aufgelegtes Gesicht, behende und klug; und wie er ihn so anschaute, dachte Mr. Schaeffer an Festtage und gute Zeiten.

«Ist wie meine kleine Schwester», sagte Tico Feo und berührte Mr. Schaeffers Puppe. Seine Stimme mit ihrem kubanischen Akzent war weich und süß wie eine Banane. «Sie auch sitzen auf mein Knie.» Mr. Schaeffer war plötzlich schüchtern. Er verbeugte sich vor dem Captain und ging davon in den Schatten des Hofes. Da stand er und flüsterte die Namen der Abendsterne, wie sie über ihm am Himmel erblühten. Die Sterne waren seine Freude, aber heute trösteten sie ihn nicht. Sie erinnerten ihn nicht daran, daß, was uns hier auf Erden geschieht, im unendlichen Glanz der Ewigkeit verloren ist. Während er sie anschaute – die Sterne –, dachte er an die edelsteinbesetzte Gitarre und ihren weltlichen Glanz. Man konnte von Mr. Schaeffer sagen, daß er in seinem Leben nur eine wirklich schlechte Tat begangen hatte: Er hatte einen Menschen getötet. Die Umstände dieser Handlung sind ohne Bedeutung, ausgenommen die Feststellung, daß dieser Mensch zu sterben verdiente und daß Mr. Schaeffer dafür zu neunundneunzig Jahren und einem Tag verurteilt wurde. Lange Zeit – tatsächlich viele Jahre lang – hatte er nicht daran gedacht, wie es war, ehe er in dieses Lager kam. Die Erinnerung an jene Zeit war wie ein Haus, in dem niemand lebt und wo die Möbel vermodern. Aber heute abend war es, als hätte man in all den düsteren, toten Räumen Lampen angezündet. Dieses Geschehen hatte begonnen, als er Tico Feo mit seiner prächtigen Gitarre durch die Dämmerung kommen sah. Bis zu diesem Augenblick war er nicht einsam gewesen. Nun, da er seine Einsamkeit erkannte, fühlte er sich lebendig werden. Er hatte nicht lebendig sein wollen. Lebendig sein hieß, sich an braune Flüsse erinnern, wo Fische schwammen, und an Sonnenlicht auf dem Haar einer Frau. Mr. Schaeffer ließ den Kopf hängen. Der Glanz der Sterne hatte seine Augen tränen lassen.

Das Schlafhaus ist für gewöhnlich ein unfreundlicher Ort, mit dem schalen Geruch nach Männern und kahl im Licht zweier schirmloser elektrischer Birnen. Aber mit dem Kommen Tico Feos war es, als ob sich ein tropischer Einbruch in dem kalten Raum ereignet hätte, denn als Mr. Schaeffer von seiner Sternbetrachtung zurückkehrte, fand er eine wilde, grelle Szene vor. Tico Feo saß mit gekreuzten Beinen auf einem Feldbett, zupfte mit langen, beweglichen Fingern an seiner Gitarre und sang ein Lied, das so fröhlich klang wie klimpernde Münzen. Obwohl es ein spanisches Lied war, versuchten einige Männer es mit ihm zu singen, und Pick Axe und Goober tanzten miteinander. Charlie und Wink tanzten auch, aber jeder für sich. Es war schön, die Männer lachen zu hören, und als Tico Feo schließlich seine Gitarre beiseite legte, gehörte Mr. Schaeffer zu denen, die ihn beglückwünschten.

«Du verdienst eine so schöne Gitarre», sagte er.

«Ist Diamanten-Gitarre», sagte Tico Feo und strich mit der Hand über ihre Pracht. «Einmal ich hatte eine mit Rubinen. Aber die ist gestohlen. In Havanna meine Schwester arbeiten in, wie sagt man, wo Gitarren machen. So ich haben diese.»

Mr. Schaeffer fragte ihn, ob er viele Schwestern habe, und Tico Feo hielt grinsend vier Finger in die Höhe. Dann sagte er, während sich seine blauen Augen begierig verengten, «bitte, Mister, du geben mir Puppe für meine zwei kleine Schwestern.»

Am nächsten Abend brachte ihm Mr. Schaeffer die Puppen. Danach war er Tico Feos bester Freund, und sie waren immer zusammen. Stets nahmen sie Rücksicht aufeinander.

Tico Feo war achtzehn Jahre alt und hatte zwei Jahre auf einem Frachter im Karibischen Meer gearbeitet. Als Kind war er bei Nonnen zur Schule gegangen, und er trug ein goldenes Kreuz um den Hals. Er hatte auch einen Rosenkranz. Den Rosenkranz hob er in einem grünen Seidentuch auf, das noch drei andere Schätze barg: eine Flasche Toilettenwasser Soir de Paris, einen Taschenspiegel und eine Weltkarte von Rand McNally. Das und die Gitarre waren seine einzigen Besitztümer, und er erlaubte niemandem, sie anzurühren. Vielleicht schätzte er seine Landkarte am höchsten. Spätabends, ehe das Licht abgedreht wurde, pflegte er seine Karte auseinanderzufalten und Mr. Schaeffer die Orte zu zeigen, an denen er gewesen war – Galveston, Miami, New Orleans, Mobile, Kuba, Haiti, Jamaika, Puerto Rico, die Virgin-Inseln –, und die Orte, die er noch sehen wollte. Er wollte fast überallhin gehen, besonders nach Madrid, besonders an den Nordpol! Das entzückte und erschreckte Mr. Schaeffer zugleich. Es tat ihm weh, an Tico Feo auf See und an fernen Orten zu denken. Manchmal schaute er seinen Freund abwehrend an und dachte: «Du bist nur ein fauler Träumer.»

Es ist wahr, Tico Feo war ein fauler Bursche. Nach jenem ersten Abend mußte man ihn selbst dazu drängen, auf seiner Gitarre zu spielen. Bei Tagesanbruch, wenn die Wache kam, um die Männer aufzuwecken, was sie dadurch tat, daß sie mit einem Hammer auf den Ofen schlug, pflegte Tico Feo wie ein Kind zu wimmern. Manchmal gab er vor, krank zu sein, stöhnte und rieb sich den Magen; aber damit kam er niemals durch, denn der Captain schickte ihn mit den übrigen Männern zur Arbeit. Er und Mr. Schaeffer wurden zu einem Straßenbau-Trupp gesteckt. Es war harte Arbeit, im gefrorenen Lehm zu graben und Säcke voll zerbrochener Steine zu tragen. Die Wache mußte Tico Feo fortwährend anschreien, denn er verbrachte die meiste Zeit damit, sich auf die Geräte zu stützen.

Jeden Mittag, wenn die Essenseimer herumgereicht wurden, saßen die beiden Freunde zusammen. Es gab ein paar gute Dinge in Mr. Schaeffers Eimer, da er sich Äpfel und Zuckerwerk aus der Stadt leisten konnte. Es machte ihm Freude, diese Sachen seinem Freund zu geben, denn sein Freund genoß sie so, und er dachte: «Du bist im Wachsen; es wird noch lange dauern, bis du ein erwachsener Mann bist.»

Nicht alle Männer liebten Tico Feo. Weil sie eifersüchtig waren, oder aus undurchsichtigeren Gründen, erzählten sie einige häßliche Geschichten über ihn. Tico Feo selbst schien nichts davon zu merken. Wenn die Männer sich um ihn scharten und er auf seiner Gitarre spielte und seine Lieder sang, sah man, daß er sich geliebt glaubte. Die meisten Männer liebten ihn auch. Sie warteten und verließen sich auf die Stunde zwischen Abendessen und Licht-aus. «Tico, spiel auf deinem Kasten», pflegten sie zu sagen. Sie bemerkten gar nicht, daß die Traurigkeit nachher immer tiefer war als je zuvor. Der Schlaf übersprang sie wie ein Kaninchen, und ihre Augen ruhten nachdenklich auf dem

Feuerschein der hinter dem Ofenrost glomm. Mr. Schaeffer war der einzige, der ihr unruhiges Gefühl verstand, denn auch er fühlte es. Es war eben, daß sein Freund die braunen Flüsse wiederbelebt hatte, wo Fische schwammen, und die Frauen mit dem Sonnenlicht auf ihrem Haar.

Bald billigte man Tico Feo die Ehre zu, ein Bett nahe beim Ofen und zunächst Mr. Schaeffer zu haben. Mr. Schaeffer hatte immer gewußt, daß sein Freund ein furchtbarer Lügner war. Er horchte nicht auf die Wahrheit in Tico Feos Geschichten von Abenteuern, Eroberungen und Begegnungen mit berühmten Leuten. Er fand vielmehr Vergnügen an ihnen als reinen Geschichten, wie man sie in einem Unterhaltungsblatt lesen mochte, und es erwärmte sein Herz, die heiße Stimme seines Freundes im Dunkeln flüstern zu hören.

Sie waren wie Liebende, ausgenommen, daß sie ihre Körper nicht vereinigten und auch nicht daran dachten, es zu tun, obwohl solche Dinge im Lager nicht unbekannt waren. Von allen Jahreszeiten ist der Frühling die überwältigendste: Halme durchstoßen die winterharte Erdkruste, junge Blätter sprießen aus alten, abgestorbenen Zweigen und der eingeschlafene Wind fährt durch all das neugeborene Grün. Und so war es auch mit Mr. Schaeffer, ein Aufbrechen, ein Biegen von Muskeln, die steif geworden waren.

Es war später Januar. Die Freunde saßen auf den Stufen des Schlafhauses, jeder mit einer Zigarette in der Hand. Ein Mond, so dünn und gelb wie ein Stück Zitronenschale, bog sich über ihnen, und in seinem Licht glitzerten Streifen von Bodenfrost wie silberne Schneckenspuren. Viele Tage lang hatte sich Tico Feo in sich selbst zurückgezogen – schweigsam, wie ein Räuber, der im Schatten wartet. Es nützte nichts, ihm zu sagen: «Tico, spiel auf deinem Kasten.» Da schaute er nur mit sanften, wie betäubten Augen an.

«Erzähl eine Geschichte», sagte Mr. Schaeffer, der sich nervös und hilflos fühlte, wenn er seinen Freund nicht erreichen konnte. «Erzähl, wie es war, als du zu dem Rennen in Miami gingst.»

«Ich niemals gehen zu keinem Rennen», sagte Tico Feo und gab damit zu, daß seine wildeste Geschichte, in der es sich um Hunderte von Dollars handelte und um ein Zusammentreffen mit Bing Crosby, eine Lüge war. Es schien ihm nichts daran zu liegen. Er brachte einen Kamm zum Vorschein und zog ihn verdrießlich durch sein Haar. Vor ein paar Tagen war dieser Kamm die Ursache eines hitzigen Streites gewesen. Einer der Männer, Wink, behauptete, daß Tico Feo ihm den Kamm gestohlen habe, worauf der Beschuldigte dadurch antwortete, daß er ihm ins Gesicht spuckte. Sie hatten miteinander gerungen, bis Mr. Schaeffer und ein anderer Mann sie trennten. «Ist mein Kamm. Sag ihm!» hatte Tico Feo von Mr. Schaeffer verlangt. Aber Mr. Schaeffer hatte mit ruhiger Festigkeit gesagt: Nein, es sei nicht der Kamm seines Freundes – eine Antwort, die alle, die es anging, zu entwaffnen schien. «Ah», sagte Wink, «wenn er ihn so sehr will, mag ihn dieser Sohn einer Hündin behalten.» Und später hatte Tico Feo mit verwunderter, unsicherer Stimme gesagt: «Ich dachte, du warst mein Freund.» «Ich bin es», hatte Mr. Schaeffer gedacht, aber er sagte nichts.

«Ich nicht gehen zu keinem Rennen, und was ich sagte über die Witwe, ist auch nicht wahr.» Er zog an seiner Zigarette, bis sie wütend glühte, und schaute Mr. Schaeffer abschätzend an. «Sagen, du haben Geld, Mister?»

«Vielleicht zwanzig Dollar», sagte Mr. Schaeffer zögernd, besorgt, wohin das führte.

«Nicht so gut, zwanzig Dollar», sagte Tico, aber ohne Enttäuschung. «Nix wichtig, wir uns durcharbeiten. In Mobile hab ich meinen Freund Frederico. Er wird uns in ein Boot setzen. Es wird keine Unannehmlichkeiten geben», und es war, als ob er sagte, daß es kälter geworden sei.

Mr. Schaeffers Herz zog sich zusammen. Er konnte nicht sprechen.

«Niemand hier kann rennen zu fangen Tico. Er rennen am schnellsten.»

«Gewehre rennen schneller», sagte Mr. Schaeffer mit fast unhörbarer Stimme. «Ich bin zu alt», sagte er, und das Wissen um sein Alter schüttelte ihn innerlich bis zur Übelkeit.

Tico Feo hörte nicht zu. «Dann die Welt. Die Welt, el mundo, mein Freund.» Er stand auf und bebte wie ein junges Pferd; alles schien auf ihn zuzuströmen – der Mond, das Rufen der Eulen. Sein Atem ging schnell und wurde in der Luft zu Dampf. «Sollten wir nach Madrid gehen? Vielleicht jemand mich lehren Stierkampf. Denkst du, Mister?»

Mr. Schaeffer hörte auch nicht zu. «Ich bin zu alt», sagte er. «Ich bin zu verwünscht alt.»

In den nächsten paar Wochen lief ihm Tico Feo nach – die Welt, el mundo, mein Freund; und er wollte sich verbergen. Er pflegte sich in der Toilette einzuschließen und seinen Kopf zu halten. Und dennoch – er war aufgeregt, gequält. Wie, wenn es wahr werden könnte, das Rennen mit Tico durch die Wälder und zum Meer? Und er sah sich selbst in einem Boot, er, der nie das Meer gesehen hatte, dessen ganzes Leben im Lande wurzelte. Während dieser Zeit starb einer der Gefangenen und im Hof konnte man hören, wie der Sarg zugemacht wurde. Als die einzelnen Nägel eingehämmert wurden, dachte Mr. Schaeffer: «Der ist für mich, es ist meiner.»

Tico Feo selbst war nie besser aufgelegt. Er schlenderte umher mit der schnippischen Anmut eines Tänzers und hatte für jeden einen Scherz. Im Schlafhaus zupften seine Finger nach dem Abendessen an der Gitarre wie Feuerwerksschwärmer. Er lehrte die Männer olé zu schreien, und einige von ihnen warfen die Kappen in die Luft.

Als die Arbeit auf der Straße beendet war, wurden Mr. Schaeffer und Tico Feo wieder zurück in den Wald geschickt. Am St.-Valentins-Tag aßen sie ihr Mittagessen unter einer Föhre. Mr. Schaeffer hatte ein Dutzend Orangen aus der Stadt bestellt, und er schälte sie langsam, so daß die Schalen eine Spirale bildeten. Die saftigeren Schnitze gab er seinem Freund, der stolz darauf war, wie weit er die Kerne spucken konnte – gute drei Meter.

Es war ein schöner, kalter Tag, Flecke von

Sonnenlicht schwebten über ihnen wie Schmetterlinge, und Mr. Schaeffer, der gern an den Bäumen arbeitete, fühlte sich matt und glücklich. Da sagte Tico Feo: «Der da, er nicht könnte fangen eine Fliege mit seinem Mund.» Er meinte Armstrong, einen derbgesichtigen Mann, der dasaß, das Gewehr zwischen den Beinen aufgestützt. Er war der jüngste der Wachen und neu im Lager.

«Ich weiß nicht», sagte Mr. Schaeffer. Er hatte Armstrong beobachtet und bemerkt, daß der neue Wächter, wie viele Leute, die zugleich schwer und eitel sind, sich mit gleitender Leichtigkeit bewegte. «Er könnte dich zum Narren halten.»

«Ich halte ihn vielleicht zum Narren», sagte Tico Feo und spuckte einen Orangenkern in Armstrongs Richtung. Der Wächter blickte ihn finster an und blies auf seiner Pfeife. Es war das Signal, daß die Arbeit wieder anfing.

Einmal während des Nachmittags kamen die beiden Freunde wieder zusammen; das heißt, sie nagelten Harzeimer an Bäume, die nebeneinanderstanden. In einiger Entfernung unter ihnen sprudelte ein seichter Bach durch den Wald. «In Wasser kein Geruch», sagte Tico Feo nachdrücklich, als erinnere er sich an etwas, das er gehört hatte. «Wir laufen in Wasser, wenn es dunkel wird, wir klettern auf Baum. Ja, Mister?»

Mr. Schaeffer hämmerte weiter, aber seine Hand zitterte und er traf mit dem Hammer seinen Daumen. Er schaute sich ganz betäubt nach seinem Freund um. Sein Gesicht zeigte keinen Widerschein des Schmerzes, und er steckte den Daumen nicht in den Mund, wie man es wohl gewöhnlich tut.

Tico Feos blaue Augen schienen, wie Seifenblasen, immer größer zu werden, und als er mit einer Stimme wie der ruhige Lufthauch in den Föhrenwipfeln sagte «Morgen», sah Mr. Schaeffer nichts anderes mehr als diese Augen.

«Morgen, Mister?»

«Morgen», sagte Mr. Schaeffer.

Das erste Morgenlicht fiel auf die Wände des Schlafhauses und Mr. Schaeffer, der wenig geruht hatte, wußte, daß auch Tico wach war. Mit den schläfrigen Augen eines Krokodils beobachtete er die Bewegungen seines Freundes auf dem nächsten Feldbett. Tico Feo knüpfte das Seidentuch auf, das seine Schätze enthielt. Zuerst nahm er den Taschenspiegel heraus. Dessen quallenartig unsicheres Licht zitterte auf seinem Gesicht. Eine Weile bewunderte er sich selbst voller Entzücken und kämmte und glättete sein

Haar, als bereite er sich darauf vor, zu einer Gesellschaft zu gehen. Dann hing er sich den Rosenkranz um den Hals. Das Parfüm öffnete er nicht, auch nicht die Weltkarte. Zuletzt stimmte er seine Gitarre. Während die anderen Männer sich anzogen, saß er da auf dem Rand seines Feldbettes und stimmte die Gitarre. Es war sonderbar, denn er muß gewußt haben, daß er sie nie wieder spielen würde.

Vogelrufe begleiteten die Männer durch die dunstigen Morgenwälder. Sie marschierten im Gänsemarsch, fünfzehn Männer in einer Gruppe, und ein Wächter am Ende jeder Reihe. Mr. Schaeffer schwitzte, als ob es ein heißer Tag wäre, und er konnte nicht Schritt halten mit seinem Freund, der vorausging, mit den Fingern schnalzte und den Vögeln etwas vorpfiff.

Ein Signal war ausgemacht worden. Tico Feo sollte rufen «Austreten» und tun, als ob er hinter einen Baum ginge. Aber Mr. Schaeffer wußte nicht, wann es geschehen würde.

Der Wächter Armstrong blies auf seiner Pfeife, und seine Männer fielen aus der Reihe und stellten sich auf ihre verschiedenen Plätze. Mr. Schaeffer, der, so gut er konnte, an seine Arbeit ging, achtete darauf, immer einen Standort zu haben, wo er sowohl auf

Tico Feo als auch auf den Wächter ein Auge haben konnte. Armstrong saß auf einem Baumstumpf, ein Stück Kautabak machte sein Gesicht schief und sein Gewehr zeigte aufwärts zur Sonne. Er hatte die verschmitzten Augen eines Falschspielers; man konnte nicht sagen, wohin er wirklich schaute.

Einmal gab ein anderer Mann das Signal. Obwohl Mr. Schaeffer sofort erkannt hatte, daß es nicht die Stimme seines Freundes war, hatte die Panik ihm die Kehle wie mit einem Strick zugeschnürt. Als der Morgen sich hinzog, war ein solches Dröhnen in seinen Ohren, daß er fürchtete, er würde das Signal nicht hören, wenn es käme.

Die Sonne erkletterte den Zenit. «Er ist nur ein fauler Träumer. Es wird nie geschehen», dachte Mr. Schaeffer, und einen Moment wagte er es zu glauben. Aber «Erst essen wir», sagte Tico Feo mit praktischem Sinn, als sie ihre Essenseimer am Ufer oberhalb des Baches absetzten. Sie aßen schweigend, beinahe, als ob einer dem anderen grollte, aber schließlich fühlte Mr. Schaeffer die Hand seines Freundes mit sanftem Druck auf seiner eigenen.

«Mr. Armstrong, austreten...»

Nahe dem Bach hatte Mr. Schaeffer einen süßen Gummibaum gesehen, und er dachte, es würde nun bald Frühling sein und der süße Gummi gerade recht zum Kauen. Ein scharfer Stein riß seine Handfläche auf, als er vom schlüpfrigen Ufer ins Wasser glitt. Er richtete sich auf und begann zu laufen; seine Beine waren lang, er hielt sich fast auf gleicher Höhe mit Tico Feo, und eisiges Wasser sprudelte um sie. Vor- und rückwärts durch die Wälder dröhnten die Rufe der Männer, hohl wie Stimmen in einer Höhle, drei Schüsse folgten, alle zu hoch, als ob die Wächter auf eine Schar Gänse schössen.

Mr. Schaeffer sah den Klotz nicht, der quer über den Bach lag. Er dachte, er liefe noch, und seine Beine schlugen um sich, er war wie eine Schildkröte, die hilflos auf dem Rücken lag.

Während er sich da abmühte, schien es ihm, als ob das Gesicht seines Freundes, das über ihm schwebte, ein Teil des Winterhimmels sei – es war so fern, richtend! Nur einen Augenblick schwebte es da, wie ein Kolibri, und doch hatte er in dieser Zeit erkannt, daß Tico Feo gar nicht gewünscht hatte, daß er es fertigbrächte, niemals geglaubt hatte, daß er es würde, und er erinnerte sich daran, daß er einmal gedacht hatte, es werde noch lange Zeit dauern, bis sein Freund ein erwachsener Mann sein würde. Als sie ihn fanden, lag er noch im knöcheltiefen Wasser, als ob es ein Sommernachmittag wäre und er müßig im Fluß schwämme.

Seither sind drei Winter vergangen, und von jedem sagte man, er sei der kälteste, der längste. Die zwei letzten Regenmonate wuschen tiefere Furchen in den Lehmweg, der zum Lager führt, und es ist schwerer als je, dahin zu kommen, und schwerer wegzukommen. Zwei Scheinwerfer sind zusätzlich an den Mauern angebracht worden, und dort brennen sie durch die Nacht, wie die Augen einer riesigen Eule. Sonst hat es keine großen Änderungen gegeben. Mr. Schaeffer, zum Beispiel, schaut noch ziemlich gleich aus, außer daß seine Haare weißer geworden sind und daß er infolge des gebrochenen Knöchels hinkt. Der Captain selbst hatte gesagt, Mr. Schaeffer habe sich den Knöchel beim Versuch, Tico Feo zu fangen, gebrochen. Es gab sogar ein Bild von Mr. Schaeffer in der Zeitung mit der Unterschrift: «Versuchte die Flucht zu verhindern.» Damals war er tief gedemütigt, nicht, weil er wußte, daß die anderen Männer lachten, sondern beim Gedanken daran, daß Tico Feo es sehen könnte. Aber er schnitt es jedenfalls aus der Zeitung aus und hebt es in einem Umschlag auf, zusammen mit mehreren Ausschnitten, die seinen Freund betreffen: ein lediges Frauenzimmer berichtete den Behörden, er habe ihr Haus betreten und sie geküßt, zweimal wurde berichtet, daß er in der Umgebung von Mobile gesehen worden sei, schließlich glaubte man, daß er das Land verlassen habe.

Niemand hat jemals Mr. Schaeffers Anspruch auf die Gitarre bestritten. Vor einigen Monaten wurde ein neuer Gefangener in das Schlafhaus eingewiesen. Es hieß, er sei ein guter Spieler, und Mr. Schaeffer wurde überredet, ihm die Gitarre zu leihen. Aber alle Melodien des Mannes kamen falsch heraus, denn es war, als ob Tico Feo, als er damals am letzten Morgen seine Gitarre stimmte, einen Fluch auf sie gelegt hätte. Nun liegt sie unter Mr. Schaeffers Feldbett und ihre gläsernen Diamanten werden gelb; in der Nacht sucht seine Hand sie manchmal, und seine Finger streichen über die Saiten: dann – die Welt.

Deutsch von Helen Ryhenstroth

Eine Weihnachts-Erinnerung

Stellt euch einen Morgen gegen Ende November vor! Das Heraufdämmern eines Wintermorgens vor mehr als zwanzig Jahren. Denkt euch die Küche eines weitläufigen alten Hauses in einem Landstädtchen. Ein großer schwarzer Kochherd bildet ihren wichtigsten Bestandteil, aber auch ein riesiger runder Tisch und ein Kamin sind da, vor dem zwei Schaukelstühle stehen. Und gerade heute begann der Kamin sein zur Jahreszeit passendes Lied anzustimmen.

Eine Frau mit kurzgeschorenem weißem Haar steht am Küchenfenster. Sie trägt Tennisschuhe und einen formlosen grauen Sweater über einem sommerlichen Kattunkleid. Sie ist klein und behende wie eine Bantam-Henne, aber infolge einer langen Krankheit in ihrer Jugend sind ihre Schultern kläglich verkrümmt. Ihr Gesicht ist auffallend: dem Lincolns nicht unähnlich, ebenso zerklüftet und von Sonne und Wind gegerbt; aber es ist auch zart, von feinem Schnitt, und die Augen sind sherryfarben und scheu. «Oje», ruft sie aus, daß die Fensterscheibe von ihrem Hauch beschlägt, «es ist Früchtekuchen-Wetter!»

Der, zu dem sie spricht, bin ich. Ich bin sieben. Sie ist sechzig und noch etwas darüber. Wir sind Vetter und Base, zwar sehr entfernte, und leben zusammen seit – ach, solange ich denken kann. Es wohnen noch andere Leute im Haus, Verwandte; und obwohl sie Macht über uns haben und uns oft zum Weinen bringen, merken wir im großen und ganzen doch nicht allzuviel von ihnen. Wir sind jeder des andern bester Freund. Sie nennt mich Buddy, zum Andenken an einen Jungen, der früher mal ihr bester Freund war. Der andere Buddy starb in den achtziger Jahren, als sie noch ein Kind war. Sie ist noch immer ein Kind. «Ich wußte es, noch eh' ich aus dem Bett stieg», sagt sie und kehrt dem Fenster den Rücken. Ihre Augen leuchten zielbewußt. «Die Glocke auf dem Gericht hallte so kalt und klar. Und kein Vogel hat gesungen; sind vermutlich in wärmere Länder gezogen. O Buddy, hör auf, Biskuits zu futtern, und hol unser Wägelchen! Und hilf mir, meinen Hut suchen! Wir müssen dreißig Kuchen backen.»

So ist es immer: jedes Jahr im November dämmert ein Morgen herauf, und meine Freundin verkündet – wie um die diesjährige Weihnachtszeit feierlich zu eröffnen, die ihre

Phantasie befeuert und die Glut ihres Herzens nährt –: «Es ist Früchtekuchen-Wetter! Hol unser Wägelchen! Hilf mir meinen Hut suchen!»

Der Hut findet sich: ein Wagenrad aus Stroh, geschmückt mit Samtrosen, die in Luft und Licht verblaßten; er gehörte einmal einer eleganteren Verwandten. Zusammen ziehen wir unser Wägelchen, einen wackeligen Kinderwagen, aus dem Garten und zu einem Gehölz von Hickory-Nußbäumen. Das Wägelchen gehört mir, das heißt, es wurde für mich gekauft, als ich auf die Welt kam. Es ist aus Korbgeflecht, schon ziemlich aufgeräufelt, und die Räder schwanken wie die Beine eines Trunkenbolds. Doch ist es ein treuer Diener; im Frühling nehmen wir es mit in die Wälder und füllen es mit Blumen, Kräutern und wildem Farn für unsere Verandatöpfe; im Sommer häufen wir es voller Picknicksachen und Angelruten aus Zuckerrohr und lassen es zum Ufer eines Flüßchens hinunterrollen; auch im Winter findet es Verwendung: als Lastwagen, um Feuerholz vom Hof zur Küche zu befördern, und als warmes Bett für Queenie, unsern zähen kleinen rotweißen rattenfangenden Terrier, der die Staupe und zwei Klapperschlangenbisse überstanden hat. Queenie trippelt jetzt neben uns einher.

Drei Stunden darauf sind wir wieder in der Küche und entkernen eine gehäufte Wagenladung Hickory-Nüsse, die der Wind heruntergeweht hat. Vom Aufsammeln tut uns der Rücken weh: wie schwer sie unter dem welken Laub und im frostfahlen, irreführenden Gras zu finden waren! (Die Haupternte war schon von den Eigentümern des Wäldchens – und das sind nicht wir – von den Bäumen geschüttelt und verkauft worden.) Krickkräck! Ein lustiges Krachen, wie lauter Zwergen-Donnerschläge, wenn die Schalen zerbrechen und der goldene Hügel süßen, fetten, sahnefarbenen Nußfleisches in der Milchglasschüssel höher steigt. Queenie bettelt um einen Kosthappen, und hin und wieder gönnt meine Freundin ihr verstohlen ein Krümchen, wenn sie auch beteuert, daß wir's nicht entbehren können. «Wir dürfen's nicht, Buddy! Wenn wir mal damit anfangen, nimmt's kein Ende. Und wir haben fast nicht genug. Für dreißig Früchtekuchen!» In der Küche dunkelt es. Die Dämmerung macht aus dem Fenster einen Spiegel: unsre Spiegelbilder, wie wir beim Feuerschein vor dem Kamin arbeiten, mischen sich mit dem aufgehenden Mond. Endlich, als der Mond schon sehr hoch steht, werfen wir die letzte Nußschale in die Glut und sehen gemeinschaftlich seufzend zu, wie sie Feuer fängt. Das Wägelchen ist leer, die Schüssel ist bis zum Rande voller Nußkerne.

Wir essen unser Abendbrot (kalte Biskuits, Brombeermus und Speck) und besprechen den nächsten Tag. Morgen beginnt der Teil der Arbeit, der mir am besten gefällt: das Einkaufen. Kandierte Kirschen und Zitronen, Ingwer und Vanille und Büchsen-Ananas aus Hawaii, Orangeat und Zitronat und Rosinen und Walnüsse und Whisky und, oh, was für eine Unmenge Mehl und Butter, und so viele Eier und Gewürze und Aroma – jemine!, wir brauchen wohl gar ein Pony, um das Wägelchen nach Hause zu ziehen!

Doch ehe die Einkäufe gemacht werden können, muß die Geldfrage gelöst werden. Wir haben beide keins, abgesehen von kläglichen Summen, mit denen uns die Leute aus dem Haus gelegentlich versehen (ein Zehner gilt schon als sehr viel Geld), oder von dem, was wir auf mancherlei Art selbst verdienen, indem wir einen Ramsch-Verkauf veranstalten oder Eimer voll handgepflückter Brombeeren und Gläser mit hausgemachter Marmelade, mit Apfelgelee und Pfirsichkompott verkaufen oder für Begräbnisse und Trauungen Blumen pflücken. Mal haben wir auch bei einem nationalen Fußball-Toto den neunundsiebzigsten Preis gewonnen, fünf Dollar! Nicht etwa, daß wir auch nur eine blasse Ahnung vom Fußball hätten! Es ist vielmehr so, daß wir einfach bei jedem Wettbewerb mitmachen, von dem wir hören. Augenblicklich richtet sich all unsre Hoffnung auf das große Preisausschreiben, bei dem man fünfzigtausend Dollar für den Namen einer neuen Kaffeesorte gewinnen kann (wir schlugen A.M.* vor, und nach einigem Zaudern – denn meine Freundin fand es möglicherweise frevelhaft – den Slogan *A. M. = Amen!*). Unser einziges wirklich einträgliches Unternehmen war, um die Wahrheit zu gestehen, das Unterhaltungs- und Monstrositäten-Kabinett, das wir vor zwei Jahren in einem Holzschuppen auf dem Hof eröffnet hatten. Die Unterhaltung lieferte ein Stereoptikon mit Ansichten aus Washington und New York, das uns eine Verwandte geliehen hatte, die dort gewesen war (als sie entdeckte, weshalb wir es geborgt hatten, wurde sie wütend); in der Monstrositäten-Abteilung hatten wir ein Küken mit drei Beinen, das eine von unsern eigenen Hennen ausgebrütet hatte. Jeder aus der ganzen Gegend wollte das Küken sehen: wir verlangten von Erwachsenen einen Nickel

---

* a.m. ante meridiem = vormittags

und von Kindern zwei Cents und nahmen gute zwanzig Dollar ein, ehe das Kabinett infolge Ablebens seiner Hauptattraktion schließen mußte.

Irgendwie jedoch sparen wir jedes Jahr unser Weihnachtsgeld zusammen, in einer Früchtekuchen-Kasse. Wir bewahren das Geld in einem Versteck auf: in einer alten, perlenbestickten Geldbörse unter einer losen Diele unter dem Estrich unter dem Nachttopf unter dem Bett meiner Freundin. Die Geldbörse wird selten aus dem sicheren Gewahrsam hervorgeholt, es sei denn, um eine Einlage zu machen oder, wie es jeden Samstag vorkommt, um etwas abzuheben; denn samstags darf ich zehn Cents haben, um ins Kino zu gehen. Meine Freundin ist noch niemals in einem Kino gewesen und hat auch nicht die Absicht, je hinzugehen. «Lieber laß ich mir die Geschichte von dir erzählen, Buddy! Dann kann ich's mir viel schöner ausmalen. Außerdem muß man in meinem Alter mit seinem Augenlicht schonend umgehen. Wenn der HERR kommt, möcht ich IHN deutlich erkennen.» Aber nicht nur, daß sie nie in einem Kino war: sie hat auch nie in einem Restaurant gegessen, ist nie weiter als zehn Kilometer von zu Hause fortgewesen, hat nie ein Telegramm erhalten oder abgeschickt, hat nie etwas anderes gelesen als das Witzblatt und die Bibel, hat sich nie geschminkt, hat nie geflucht, nie jemandem etwas Böses gewünscht, nie absichtlich gelogen und nie einen hungrigen Hund von der Tür gescheucht. Und nun ein paar von den Dingen, die sie getan hat und noch tut: mit einer Hacke die größte Klapperschlange totgeschlagen, die man jemals hierzulande gesehen hat (mit sechzehn Klappern), nimmt Schnupftabak (heimlich), zähmt Kolibris (versucht's nur mal!), bis sie ihr auf dem Finger balancieren, erzählt Geistergeschichten (wir glauben beide an Geister), aber so gruselige, daß man im Juli eine Gänsehaut bekommt, hält Selbstgespräche, geht gern im Regen spazieren, zieht die schönsten Japonikas der Stadt und kennt das Rezept für jedes alte indianische Hausmittel, auch den Warzen-Zauber.

Jetzt, nach beendetem Abendbrot, ziehen wir uns in einen abgelegenen Teil des Hauses in das Zimmer zurück, in dem meine Freundin in einem eisernen Bett schläft, das in ihrer Lieblingsfarbe, Rosa, gestrichen und mit einer bunten Flickerlsteppdecke zugedeckt ist. Stumm und in Verschwörerwonnen schwelgend, holen wir die Perlenbörse aus ihrem geheimen Versteck und schütten ihren

Inhalt auf die Flickerldecke: Dollarscheine, fest zusammengerollt und grün wie Maiknospen; düstere Fünfzig-Cent-Stücke, schwer genug, um einem Toten die Lider zu schließen; hübsche Zehner, die munterste Münze, eine, die wirklich silbern klingelt; Nickel und Vierteldollars, glattgeschliffen wie Bachkiesel; aber hauptsächlich ein hassenswerter Haufen bitter riechender Pennies. Im vergangenen Sommer verpflichteten sich die andern im Haus, uns für je fünfundzwanzig totgeschlagene Fliegen einen Penny zu zahlen. Oh, welch ein Gemetzel im August: wieviel Fliegen flogen in den Himmel! Doch es war keine Beschäftigung, auf die man stolz sein konnte. Und während wir jetzt dasitzen und die Pennies zählen, ist es uns, als ob wir wieder Tote-Fliegen-Tabellen aufstellten. Wir haben beide keinen Zahlensinn: wir zählen langsam, kommen durcheinander und müssen wieder von vorn anfangen. Auf Grund ihrer Berechnungen haben wir zwölf Dollar dreiundsiebzig. Auf Grund meiner genau dreizehn Dollar. «Hoffentlich hast du dich verzählt, Buddy! Mit dreizehn können wir nichts anfangen. Dann gehen uns die Kuchen nicht auf. Oder jemand stirbt daran. Wo es mir doch nicht im Traum einfallen würde, am Dreizehnten aufzustehen!» Es ist wahr: den Dreizehnten jeden Monats verbringt sie im Bett. Um also ganz sicher zu gehen, nehmen wir einen Penny und werfen ihn aus dem Fenster.

Von den Zutaten, die wir für unsere Früchtekuchen brauchen, ist Whisky am teuersten, und er ist auch am schwierigsten zu beschaffen. Das Gesetz verbietet den Verkauf in unserem Staat. Doch jedermann weiß, daß man bei Mr. Haha Jones eine Flasche kaufen kann. Und am folgenden Tag, nachdem wir unsere prosaischeren Einkäufe gemacht haben, begeben wir uns zu Mr. Hahas Geschäftslokal, einem nach Ansicht der Leute «lasterhaften» Fischrestaurant und Tanzcafé unten am Fluß. Wir sind schon früher dort gewesen, und um das gleiche zu besorgen; doch in den voraufgegangenen Jahren hatten wir mit Hahas Frau zu tun, einer jodbraunen Indianerin mit messinggelb gebleichtem Haar, die stets todmüde ist. Ihren Mann haben wir noch nie zu Gesicht bekommen, obwohl wir gehört haben, daß er auch ein Indianer ist. Ein Riese mit tiefen Rasiermessernarben auf beiden Backen. Er wird «Haha» genannt, weil er so düster ist – ein Mann, der nie lacht. Je mehr wir uns seinem Café nähern (einer großen Blockhütte, die innen und außen mit grellbunten Ketten nackter elektrischer Birnen bekränzt ist und am schlammigen Flußufer steht, im Schatten von Uferbäumen, durch deren Zweige die Flechten wie graue Nebel wehen), um so langsamer werden unsere Schritte. Sogar Queenie hört auf zu springen und geht bei Fuß. In Hahas Café sind schon Leute ermordet worden. Aufgeschlitzt. Den Schädel eingeschlagen. Im nächsten Monat wird wieder ein Fall vor Gericht verhandelt. Natürlich ereignen sich solche Vorfälle in der Nacht, wenn die bunten Lämpchen verrückte Muster bilden und das Grammophon winselt. Am Tage ist Hahas Café schäbig und öde. Ich klopfe an die Tür, Queenie bellt, und meine Freundin ruft: «Mrs. Haha, Ma'am? Ist jemand da?»

Schritte. Die Tür geht auf. Das Herz bleibt uns stehen. Es ist Mr. Haha Jones persönlich! Und er ist tatsächlich ein Riese; er hat tatsächlich Narben; er lächelt tatsächlich nicht. Nein, aus schrägstehenden Satansaugen stiert er uns finster an und begehrt zu wissen: «Was wollt ihr von Haha?»

Einen Augenblick sind wir zu betäubt, um zu sprechen. Dann findet meine Freundin ihre Stimme wieder, bringt aber nicht mehr als ein Flüstern zustande: «Bitte schön, Mr. Haha, wir möchten gern ein Liter von Ihrem besten Whisky!»

Seine Augen werden noch schräger. Nicht zu glauben: Haha lächelt! Er lacht sogar! «Wer von euch beiden ist denn fürs Trinken?»

«Wir brauchen den Whisky für Früchtekuchen, Mr. Haha. Zum Backen!»

Das ernüchtert ihn. Er zieht die Augenbrauen zusammen. «Ist doch keine Art, guten Whisky zu verschwenden!» Trotzdem verzieht er sich in das schattige Café und erscheint ein paar Sekunden darauf mit einer Flasche butterblumengelben Alkohols ohne Etikett. Er läßt den Whisky im Sonnenlicht funkeln und sagt: «Zwei Dollar!»

Wir zahlen – mit Nickeln und Zehnern und Pennies. Plötzlich wird sein Gesicht weich, und er klimpert mit den Münzen in seiner Hand, als ob's eine Faust voll Würfel wäre. «Ich will euch was sagen», schlägt er uns vor und läßt das Geld wieder in unsere Perlbörse rutschen, «schickt mir statt dessen einen von euren Früchtekuchen!»

«Nein, wirklich», sagt meine Freundin auf dem Heimweg, «was für ein reizender Mann! In seinen Früchtekuchen tun wir eine ganze Tasse Rosinen extra!»

Der schwarze Herd, der mit Kleinholz und Kohle gefüttert wird, glüht wie eine ausgehöhlte Kürbislaterne. Schneebesen schwirren, Löffel mahlen in Schüsseln voll Butter und Zucker, Vanille durchduftet die Luft, Ingwer würzt sie; schmelzende, die Nase kitzelnde Gerüche durchtränken die Küche, überschwemmen das ganze Haus und schweben mit den Rauchwölkchen durch den Kamin in die Welt hinaus. In vier Tagen haben wir die Arbeit geschafft. Einunddreißig Kuchen, mit Whisky befeuchtet, lagern warm auf Fensterbrettern und Regalen.

Für wen sind sie?

Für Freunde. Nicht unbedingt für Nachbarn. Nein, der größte Teil ist für Leute bestimmt, die wir vielleicht einmal, vielleicht auch nie gesehen haben. Leute, die unsere Phantasie beschäftigen. Wie der Präsident Roosevelt. Wie Ehrwürden und Mrs. J. C. Lucey, Baptisten-Missionare auf Borneo, die im vergangenen Winter hier einen Vortrag hielten. Oder der kleine Scherenschleifer, der zweimal jährlich durchs Städtchen kommt. Oder Abner Packer, der Fahrer vom Sechs-Uhr-Autobus aus Mobile, der uns tagtäglich zuwinkt, wenn er in einer Staubwolke vorüberbraust. Oder die jungen Winstons, ein Ehepaar aus Kalifornien, deren Wagen eines Tages vor unserer Haustür eine Panne hatte und die eine Stunde lang so nett mit uns auf der Veranda verplauderten (Mr. Winston machte eine Aufnahme von uns, die einzige, die es von uns beiden gibt). Kommt es wohl daher, weil meine Freundin vor jedermann mit Ausnahme von Fremden scheu ist, daß uns die Fremden, flüchtige Zufallsbekannte, als unsre wahren Freunde erscheinen? Ich glaube, ja. Und die Sammelbücher, in die wir die Danksagungen auf Regierungsbriefpapier und hin und wieder eine Mitteilung aus Kalifornien oder Borneo und die Penny-Postkarten vom Scherenschleifer einkleben, geben uns das Gefühl, mit ereignisreicheren Welten verbunden zu sein, als es die Küche mit dem Blick auf einen abgeschnittenen Himmel ist.

Jetzt schabt ein dezemberkahler Feigenbaumzweig gegen das Fenster. Die Küche ist leer; die Kuchen sind fort. Gestern haben wir die letzten im Wägelchen zur Post gefahren, wo der Ankauf von Briefmarken unsre Börse umgestülpt hat. Wir sind pleite. Ich bin deswegen ziemlich niedergeschlagen, aber meine Freundin besteht darauf, zu feiern, und zwar mit einem zwei Finger breiten Rest Whisky in Hahas Flasche. Queenie bekommt einen Teelöffel voll in ihren Kaffeenapf (sie nimmt ihren Kaffee gern stark und mit Zichorie gewürzt). Das übrige verteilen wir auf zwei leere Geleegläser. Wir sind beide ganz ängstlich, daß wir unverdünnten Whisky trinken wollen; der Geschmack zieht uns das Gesicht zusammen, und wir müssen uns grimmig schütteln. Aber allmählich fangen wir an zu singen, und gleichzeitig singen wir beide zwei verschiedene Lieder. Ich kann die Worte meines Liedes nicht richtig, bloß: *Kommt nur all, kommt nur all, in der Niggerstadt ist Stutzerball!* Aber ich kann tanzen. Stepptänzer im Film, das will ich nämlich werden. Mein tanzender Schatten hüpft über die Wände, von unseren Stimmen zittert das Porzellan; wir kichern, als ob unsichtbare Hände uns kitzelten. Queenie wälzt sich auf dem Rücken, ihre Pfoten trommeln durch die Luft, eine Art Grinsen verzerrt ihre schwarzen Lippen. Innerlich bin ich so warm und feurig wie die zerbröckelnde Glut der Holzscheite und so sorglos wie der Wind im Kamin. Meine Freundin walzt um den Kochherd und hält den Saum ihres billigen Kattunrocks zwischen den Fingerspitzen, als ob er ein Ballkleid wäre. *Zeig mir den Weg, der nach Hause führt*, singt sie, und ihre Tennisschuhe quietschen über den Fußboden. *Zeig mir den Weg, der nach Hause führt!*

Es treten auf: zwei Verwandte. Sehr empört. Allgewaltig mit Augen, die schelten, mit Zungen, die ätzen. Hört zu, was sie zu sagen haben und wie die Worte in zorniger Melodie übereinanderpurzeln: «Ein kleiner siebenjähriger Junge! Der nach Whisky riecht! Bist du von Gott verlassen? Einem Siebenjährigen so etwas zu geben! Mußt verrückt geworden sein! Der Weg, der ins Verderben führt! Hast wohl Base Kate vergessen? Und Onkel Charlie? Und Onkel Charlies Schwager? Schande! Skandal! Demütigend! Kniet nieder und betet, betet zum HERRN!» Queenie verkriecht sich unter dem Herd. Meine Freundin starrt auf ihre Schuhe, ihr Kinn zittert, sie hebt den Rock, schnaubt sich die Nase und läuft in ihr Zimmer. Lange nachdem die Stadt schlafen gegangen und das Haus verstummt ist und nur noch das Schlagen der Turmuhr und das Wispern der erlöschenden Glut verbleibt, weint sie in ihr Kissen hinein, das schon so naß ist wie ein Witwentaschentuch.

«Weine doch nicht!» sage ich zu ihr. Ich sitze am Fußende ihres Bettes und zittere meinem Flanellnachthemd zum Trotz, das noch nach dem Hustensaft vom vorigen Winter riecht; «weine doch nicht!» bitte ich sie und kitzle sie an den Zehen und an den Fußsohlen, «du bist zu alt dafür!»

«Das ist's ja», schluchzt sie, «ich *bin* zu alt. Alt und komisch.»

«Nicht komisch. Lustig. Mit keinem ist's so lustig wie mit dir. Laß doch! Wenn du nicht aufhörst mit Weinen, bist du morgen so müde, daß wir nicht fortgehen und den Baum abhacken können.»

Sie richtet sich auf. Queenie springt aufs Bett (was sie sonst nicht darf) und leckt ihr die Wangen. «Ich weiß eine Stelle, Buddy, wo es wunderschöne Bäume gibt. Und auch Stechpalmen. Mit Beeren, so groß wie deine Augen. Weit weg im Wald. Weiter, als wir je gewesen sind. Papa hat dort immer unsern Weihnachtsbaum geholt und auf der Schulter nach Hause getragen. Das war vor fünfzig Jahren. Ach, ich kann's gar nicht mehr abwarten, bis es morgen früh ist.»

Am andern Morgen. Das Gras funkelt im Rauhreif. Die Sonne, rund wie eine Orange und orangerot wie Heißwettermonde, tänzelt über den Horizont und überglüht die versilberten Winterwälder. Ein wilder Truthahn ruft. Im Unterholz grunzt ein ausgerissenes Schwein. Bald sind wir am Rand eines knietiefen, schnellfließenden Wassers und müssen das Wägelchen stehenlassen. Queenie watet zuerst durch den Bach, paddelt hinüber und bellt klagend, weil die Strömung rasch ist und das Wasser so kalt, um Lungenentzündung zu bekommen. Wir folgen und halten unsre Schuhe und unsere Ausrüstung (ein Beil und einen Jutesack) über den Kopf. Noch fast zwei Kilometer weiter: strafende Dornen, Kletten und Brombeerranken verhäkeln sich in unsern Kleidern; rostrote Kiefernnadeln leuchten mit grellbunten Schwämmen und ausgefallenen Vogelfedern. Hier und dort erinnern uns ein Aufblitzen, ein Flattern und ein schrilles Aufkreischen daran, daß nicht alle Vögel gen Süden gezogen sind. Immer wieder windet sich der Pfad durch zitronengelbe Sonnentümpel und pechdunkle Rankentunnel. Dann ist noch ein Bach zu überqueren: von einer aufgescheuchten Armada gesprenkelter Forellen schäumt das Wasser um uns her, und Frösche von Tellergröße üben sich im Bauchsprung; Biber-Baumeister arbeiten an einem Damm. Am andern Ufer steht Queenie, schüttelt sich und zittert. Auch meine Freundin zittert, aber nicht vor Kälte, sondern vor Begeisterung. Als sie den Kopf hebt, um die kiefernduftschwere Luft einzuatmen, wirft eine von den zerlumpten Rosen auf ihrem Hut ein Blütenblatt ab. «Wir sind gleich dort, Buddy! Riechst du ihn schon?» fragte sie, als ob wir uns einem Ozean näherten.

Und es ist wirklich eine Art Ozean. Duftende Bestände von Festtagsbäumen, stachelblättrige Stechpalmen. Rote Beeren, die wie chinesische Ballonblumen blinken: schwarze Krähen stoßen krächzend auf sie nieder. Nachdem wir unseren Jutesack so mit Grünzeug und roten Beeren vollgestopft haben, daß wir ein Dutzend Fenster bekränzen können, machen wir uns daran, einen Baum zu wählen. «Er soll zweimal so groß wie ein Junge sein», sagt meine Freundin nachdenklich. «Damit ein Junge nicht den Stern stibitzen kann.» Der Baum, den wir schließlich auswählen, ist zweimal so hoch wie ich. Ein wackerer, schmucker Geselle, hält er dreißig Beilhieben stand, bevor er krachend mit durchdringendem Schrei umkippt. Dann beginnt der lange Treck nach draußen: wir schleppen ihn wie ein Stück Jagdbeute ab. Alle paar Meter geben wir den Kampf auf, setzen uns hin und keuchen. Aber wir haben die Kraft siegreicher Jäger; das und der starke, eisige Duft des Baumes beleben uns und spornen uns an. Auf der Rückkehr zur Stadt, bei Sonnenuntergang die rote Lehmstraße entlang, begleiten uns zahlreiche Komplimente; doch meine Freundin ist listig und verschwiegen, wenn Vorübergehende den in unserm Wägelchen thronenden Schatz loben: was für ein schöner Baum, und woher er käme. «Von da drüben», murmelt sie unbestimmt. Einmal hält ein Wagen, und die träge Frau des reichen Mühlenbesitzers lehnt sich heraus und plärrt: «Ich geb euch 'n Vierteldollar für den schäbigen Baum!» Im allgemeinen sagt meine Freundin nicht gern nein; aber diesmal schüttelt sie sofort den Kopf: «Auch nicht für 'n Dollar!» Die Frau des Mühlenbesitzers läßt nicht locker: «'n Dollar? Ist ja verrückt! Fünfzig Cents – das ist mein letztes Wort. Meine Güte, Frau, ihr könnt euch ja 'n andern holen!» Anstatt einer Antwort spricht meine Freundin sanft und nachdenklich vor sich hin: «Da hab ich meine Zweifel. Zweimal das gleiche: das gibt's nicht auf der Welt.»

Zu Hause. Queenie sackt vor dem Kamin zusammen und schläft, laut wie ein Mensch schnarchend, bis zum nächsten Morgen.

Ein Koffer in der Bodenkammer enthält: einen Schuhkarton voller Hermelinschwänze (vom Opern-Umhang einer merkwürdigen Dame, die mal im Haus ein Zimmer gemietet hatte), Ketten zerfransten Lamettas, das vor Alter goldbraun wurde, einen Silberstern und eine kurze Schnur mit altersschwachen, bestimmt gefährlichen, kerzenförmigen elektrischen Birnen. Ausgezeichneter Schmuck, soweit vorhanden, und das ist nicht viel:

meine Freundin möchte, daß unser Baum strahlt «wie ein Baptisten-Fenster» und daß er die Zweige unter Schneelasten von Schmuck niederhängen läßt. Doch die made-in-Japan-Herrlichkeiten des Einheitspreis-Ladens können wir uns nicht leisten. Daher machen wir, was wir immer gemacht haben: wir sitzen mit Schere und Bleistift und Stapeln von Buntpapier tagelang am Küchentisch. Ich mache Skizzen, und meine Freundin schneidet sie aus: eine Menge Katzen, auch Fische (weil sie leicht zu zeichnen sind), ein paar Äpfel, ein paar Wassermelonen, ein paar Engel mit Flügeln, die wir aus aufgespartem Silberpapier von Hershey-Riegeln zurechtbasteln. Wir benutzen Sicherheitsnadeln, um unsre Kunstwerke am Baum zu befestigen. Um ihm den letzten Schliff zu geben, bestreuen wir die Zweige mit zerschnittener Baumwolle (die wir zu diesem Zweck im August selber gepflückt haben). Meine Freundin betrachtet die Wirkung prüfend und schlägt die Hände zusammen. «Nun sag mal ehrlich, Buddy: sieht's nicht zum Fressen schön aus?» Queenie versucht, einen Engel zu fressen.

Nachdem wir Stechpalmengirlanden für sämtliche Vorderfenster geflochten und mit Bändern umwunden haben, besteht unsre nächste Aufgabe im Fabrizieren von Geschenken für die Familie. Halstücher für die Damen aus Schnurbatik, für die Herren ein hausgemachter Sirup aus Zitronen, Lakritzen und Aspirin, einzunehmen «bei den ersten Symptomen einer Erkältung» sowie nach der Jagd. Aber als es an der Zeit ist, unsre gegenseitigen Geschenke vorzubereiten, trennen wir uns, um im geheimen zu arbeiten. Kaufen würde ich ihr gern: ein Messer mit Perlmuttergriff, ein Radio, ein ganzes Pfund Kirsch-Pralinés (wir haben mal ein paar gekostet, und seither beteuert sie: «Davon könnt' ich leben, Buddy, weiß Gott, das könnt' ich – und hab' Seinen Namen damit nicht unnütz in den Mund genommen.»). Statt dessen baue ich ihr einen Drachen. Und sie würde mir gern ein Fahrrad kaufen. (Sie hat's mir schon millionenmal gesagt: «Wenn ich's nur könnte, Buddy! 's ist schlimm genug, wenn man im Leben auf etwas verzichten muß, was man selbst gern haben möchte; aber was mich, zum Kuckuck, richtig verrückt macht, ist, wenn man einem andern nicht das schenken kann, was man ihm so sehr wünscht! Doch eines Tages tu ich's, Buddy! Ich verschaffe dir ein Rad! Frag mich nicht, wie. Vielleicht stehl ich's.») Statt dessen, davon bin ich ziemlich überzeugt, baut sie mir wahrscheinlich auch einen Drachen – ebenso wie voriges Jahr und das Jahr davor: und ein Jahr noch weiter davor haben wir uns gegenseitig Schleudern gebastelt. Was mir alles sehr recht ist. Denn wir sind Champions im Drachensteigenlassen und studieren den Wind wie die Matrosen; meine Freundin, die mehr Talent hat als ich, kann einen Drachen in die Lüfte schicken, wenn nicht mal so viel Brise da ist, um die Wolken zu tragen.

Am Heiligabend kratzen wir nachmittags einen Nickel zusammen und gehen zum Metzger, um Queenies herkömmliches Geschenk, einen guten, abnagbaren Rindsknochen, zu kaufen. Der Knochen wird in lustiges Papier gewickelt und hoch in den Baum gehängt, in die Nähe des Silbersterns. Queenie weiß, daß er da ist. Sie hockt am Fuß des Baumes und starrt, vor Gier gebannt, nach oben: als es Schlafenszeit ist, weigert sie sich, von der Stelle zu gehen. Ihre Aufregung ist ebenso groß wie meine eigene. Ich zerwühle meine Bettdecken und drehe das Kopfkissen herum, als hätten wir eine sengendheiße Sommernacht. Irgendwo kräht ein Hahn: irrtümlicherweise, denn die Sonne ist noch auf der andern Seite der Erde.

«Buddy, bist du wach?» Es ist meine

Freundin, die von ihrem Zimmer aus ruft, das neben meinem liegt; und einen Augenblick drauf sitzt sie auf meinem Bettrand und hält eine Kerze in der Hand. «Ach, ich kann kein Auge zumachen», erklärt sie. «Meine Gedanken hüpfen wie Kaninchen herum. Buddy, glaubst du, daß Mrs. Roosevelt unsern Kuchen zum Weihnachtsessen auftragen läßt?» Wir kuscheln uns im Bett zusammen, und sie drückt mir die Hand «Hab-dich-lieb». «Mir scheint, deine Hand war früher viel kleiner. Ach, mir ist's schrecklich, wenn du älter wirst! Wenn du groß bist – ob wir dann noch Freunde sind?» Ich antworte, immer! «Aber ich bin so traurig, Buddy! Ich wollte dir so gern ein Fahrrad schenken. Ich hab versucht, die Kameenbrosche zu verkaufen, die Papa mir geschenkt hatte. Buddy...» Sie stockt, als sei sie zu verlegen. «Ich hab dir wieder einen Drachen gemacht!» Dann gestehe ich, daß ich ihr auch einen gemacht habe, und wir lachen. Die Kerze brennt so weit herunter, daß man sie nicht mehr halten kann. Sie geht aus, und der Sternenschimmer ist wieder da, und die Sterne kreisen vor dem Fenster wie ein sichtbares Jubilieren, das der Anbruch des Tages langsam, ach, so langsam zum Verstummen bringt. Vielleicht schlummern wir ein bißchen; aber die Morgendämmerung spritzt uns wie kaltes Wasser ins Gesicht; wir sind auf, mit großen Augen, und wandern umher und warten, daß die andern aufwachen. Mit voller Absicht läßt meine Freundin einen Kessel auf den Küchenfußboden fallen. Ich stepptanze vor verschlossenen Türen. Eins ums andere tauchen die Familienmitglieder auf und sehen aus, als ob sie uns am liebsten umbringen würden; aber es ist Weihnachten, daher können sie's nicht. Zuerst gibt's ein großartiges Frühstück; es ist einfach alles da, was man sich nur vorstellen kann: von Pfannkuchen und Eichhörnchenbraten bis zu Maisgrütze und Wabenhonig. Was alle in gute Laune versetzt, mich und meine Freundin ausgenommen. Offen gestanden können wir vor Ungeduld, daß es endlich mit den Geschenken losgehen soll, keinen Bissen essen.

Leider bin ich enttäuscht. Das wäre wohl jeder. Socken, ein Sonntagsschulhemd, ein paar Taschentücher, ein fertiggekaufter Sweater und ein Jahresabonnement auf eine fromme Zeitschrift für Kinder: *Der kleine Hirte*. Ich platze vor Ärger. Wahrhaftig!

Meine Freundin macht einen besseren Fang. Ein Beutel mit Satsuma-Mandarinen – das ist ihr bestes Geschenk. Sie selbst ist jedoch stolzer auf einen weißwollenen Schal, den ihre verheiratete Schwester ihr gestrickt hat. Aber *sagen* tut sie, ihr schönstes Geschenk sei der Drachen, den ich ihr gebaut habe. Und er *ist* auch sehr schön, wenn auch nicht ganz so schön wie der, den sie mir gemacht hat, denn der ist blau und übersät mit goldenen und grünen Leitsternen, und außerdem ist noch mein Name, Buddy, draufgemalt.

«Buddy, der Wind weht!»

Der Wind weht, und alles andere ist uns einerlei, bis wir zum Weideland hinter dem Haus gerannt sind, wo Queenie hingerast ist, um ihren Knochen zu vergraben (und wo sie selbst einen Winter drauf begraben wird). Dort tauchen wir in das gesunde, gürtelhohe Gras, wickeln an unsern Drachen die Schnur auf und fühlen, wie sie gleich Himmelsfischen an der Schnur zerren und in den Wind hineinschwimmen. Zufrieden und sonnenwarm lagern wir uns im Gras, schälen Mandarinen und sehen den Kunststückchen unsrer Drachen zu. Bald habe ich die Socken und den fertiggekauften Sweater vergessen. Ich bin so glücklich, als hätten wir beim Großen Preisausschreiben die fünfzigtausend Dollar für den Kaffeenamen gewonnen.

«Ach, wie dumm ich auch bin», ruft meine Freundin und ist plötzlich so munter wie eine

Frau, der es zu spät einfällt, daß sie einen Kuchen im Ofen hat. «Weißt du, was ich immer geglaubt habe?» fragt sie mit Entdeckerstimme und lächelt nicht mich an, sondern über mich hinaus. «Ich hab immer gedacht, der Mensch müßte erst krank werden und im Sterben liegen, ehe er den HERRN zu Gesicht bekommt. Und ich hab mir vorgestellt, wenn ER dann käme, wär's so, wie wenn man auf das Baptisten-Fenster schaut: schön wie farbiges Glas, durch das die Sonne scheint, und solch ein Glanz, daß man nicht merkt, wenn's dunkel wird. Und es ist mir ein Trost gewesen, an den Glanz zu denken, der alles Spukgefühl fortjagt. Aber ich wette, daß es gar nicht so kommt. Ich wette, zuallerletzt begreift der Mensch, daß der HERR sich bereits gezeigt hat. Daß einfach alles, wie es ist (ihre Hand beschreibt einen Kreis, der Wolken und Drachen und Gras und Queenie einschließt, die eifrig Erde über ihren Knochen scharrt), und eben das, was der Mensch schon immer gesehen hat – daß das ‹IHN-Sehen› war. Und ich – ich könnte mit dem Heute in den Augen die Welt verlassen.»

Es ist unser letztes gemeinsames Weihnachten. Das Leben trennt uns. Die Alles-am-besten-Wisser bestimmen, daß ich auf eine Militärschule gehöre. Und so folgt eine elende Reihe von Gefängnissen mit Signalhörnern oder grimmigen, von Reveille-Klängen verpesteten Sommerlagern. Ich habe auch ein neues Zuhause. Aber das zählt nicht. Zu Hause ist dort, wo meine Freundin ist, und ich komme nie dorthin.

Und sie bleibt dort und kramt in der Küche herum. Allein mit Queenie. Dann ganz allein. («Liebster Buddy», schreibt sie in ihrer wilden, schwerleserlichen Schrift, «gestern hat Jim Macys Pferd ausgeschlagen und Queenie einen schlimmen Tritt versetzt. Sei dankbar, daß sie nicht viel gespürt hat. Ich hab sie in ein feines Leinentuch eingewickelt und im Wägelchen zu Simpsons Weideland hintergefahren, wo sie nun bei all ihren vergrabenen Knochen ist.») Ein paar Novembermonate hindurch fährt sie noch fort, alleine Früchtekuchen zu backen; nicht so viele wie früher, aber einige, und natürlich schickt sie mir immer das «Pracht-Exemplar». Sie fügt auch in jedem Brief einen dick in Toilettenpapier eingewickelten Zehner bei: «Geh in einen Film und erzähl mir im nächsten Brief die Geschichte!» Aber allmählich verwechselt sie mich in ihren Briefen mit ihrem andern Freund, mit dem Buddy, der in den achtziger Jahren starb. Immer häufiger ist der

Dreizehnte nicht der einzige Tag des Monats, an dem sie im Bett bleibt. Und es kommt ein Morgen im November, der Anbruch eines blätterkahlen, vogelstummen Wintermorgens, an dem sie sich nicht aufraffen kann, um auszurufen: «Oje, 's ist Früchtekuchen-Wetter!»

Und als *das* geschieht, weiß ich Bescheid. Der Brief, der es mir mitteilt, bestätigt nur die Meldung, die eine geheime Ader schon erhalten hat und durch die ein unersetzbares Teil meiner selbst von mir getrennt und freigelassen wird wie ein Drachen an einer gerissenen Schnur. Deshalb muß ich jetzt an diesem bestimmten Dezembermorgen, während ich über den Schul-Campus wandere, immer wieder den Himmel absuchen. Als ob ich erwarte, ein verirrtes Drachenpaar zu sehen, das, fast zwei Herzen gleichend, gen Himmel eilt.

Deutsch von Elisabeth Schnack

Die Stimme aus der Wolke

Other Voices, Other Rooms (Andere Stimmen, andere Räume – Der Titel ist von mir: er ist nicht entlehnt) erschien im Januar 1948. Es war nicht mein erster Roman, sondern der zweite, und ich brauchte zwei Jahre, ihn zu schreiben. Der erste, den ich nie irgendwo einreichte und der später verlorenging, hieß *Summer Crossing* (Sommerreise) – eine knappe, konkrete Geschichte, die in New York spielte. Nicht übel, soweit ich erinnere: technisch fehlerlos, erzählerisch durchaus spannend, doch ohne Intensität und Leid, ohne die Qualitäten einer persönlichen visionären Kraft, die Ängste, die damals meine Gefühle und meine Phantasie beherrschten.

Other Voices, Other Rooms war der Versuch, die Dämonen auszutreiben – ein unbewußter, gänzlich intuitiver Versuch, denn ein paar Begebenheiten und Beschreibungen ausgenommen, war ich mir nicht darüber klar, daß er in nennenswerter Weise autobiografisch sein könnte. Wenn ich ihn jetzt wiederlese, scheint mir eine derartige Selbsttäuschung unverzeihlich.

Gewiß gab es Gründe für diese resolute Unwissenheit, Sicherheitsgründe zweifellos: ein eiserner Vorhang zwischen dem Autor und der eigentlichen Quelle seines Stoffs. Da ich den Kontakt zu dem unruhevollen Jüngling, der dies Buch schrieb, verloren habe und in meinem Innern nur ein blasser Schatten von ihm erhalten blieb, fällt es mir schwer, seine geistige Verfassung zu rekonstruieren. Doch ich will es versuchen.

Zum Zeitpunkt des Erscheinens von *Other Voices, Other Rooms* bemerkten die Kritiker, die wohlwollendsten wie die feindseligsten, daß ich offensichtlich stark von südstaatlichen Schriftstellern wie William Faulkner, Eudora Welty und Carson McCullers beeinflußt sei, drei Autoren, deren Werk ich gut kannte und bewunderte. Gleichwohl täuschten sich die Herren, wenn auch begreiflicherweise. Die amerikanischen Schriftsteller, die für mich größte Bedeutung hatten, waren – ohne Rangfolge aufgezählt – Henry James, Mark Twain, E. A. Poe, Willa Cather, Nathaniel Hawthorne, Sarah Orne Jewett; von Ausländern Flaubert, Jane Austen, Dikkens, Proust, Tschechow, Katherine Mansfield, E. M. Forster, Turgenjew, Maupassant und Emily Brontë. Eine Sammlung, die in bezug auf *Other Voices, Other Rooms* mehr oder minder irrelevant ist; denn eindeutig war keiner dieser Schriftsteller – mit der begreiflichen Ausnahme von Poe (der zu jener Zeit eine vage Kindheitsliebe war wie Dickens und Twain) – eine unumgängliche Vorstufe für eben dies Buch. Vielmehr waren sie es *allesamt*, in dem Sinn nämlich, daß jeder von ihnen zu meinem literarischen Bewußtsein, wie es sich damals darstellte, beigetragen hatte. Der eigentliche Ahnherr aber war mein problematisches, untergründiges Ich. Das Ergebnis war sowohl Enthüllung wie Befreiung: Das Buch machte mich frei, und wie in seinem prophetischen letzten Satz stand ich da und blickte zurück auf den Knaben, den ich hinter mir gelassen hatte.

Ich wurde in New Orleans geboren und war ein Einzelkind; meine Eltern ließen sich scheiden, als ich vier Jahre alt war. Es war eine schwierige Scheidung mit viel Bitterkeit auf beiden Seiten, und das ist der Hauptgrund dafür, daß ich während des größten Teils meiner Kindheit zwischen Verwandten in Louisiana, Mississippi und dem ländlichen Alabama hin- und hergewandert bin (mit Unterbrechungen besuchte ich die Schule in New York und Connecticut). Meine private

Lektüre war von größerem Gewicht als meine offizielle Erziehung, die sinnlos war und mit meinem siebzehnten Jahr endete, als ich mich um einen Job beim *New Yorker* bewarb und ihn bekam. Es war keine bedeutende Tätigkeit, denn praktisch beschränkte sie sich auf das Sortieren von Karikaturen und das Ausschneiden von Zeitungsartikeln. Dennoch war ich glücklich, sie bekommen zu haben, insbesondere da ich entschlossen war, nie auch nur einen lernwilligen Fuß über die Schwelle eines College-Klassenzimmers zu setzen. Ich fand, entweder wäre man ein Schriftsteller, oder man wäre keiner, und kein Lehrkörper vermöchte das Ergebnis zu beeinflussen. Ich glaube noch heute, daß ich recht hatte, zumindest in meinem eigenen Fall; ich bin mir jedoch heute darüber klar, daß die meisten jungen Schriftsteller durch den Collegebesuch mehr zu gewinnen als zu verlieren haben, sei es auch nur, weil ihre Lehrer und Klassenkameraden eine unfreiwillige Zuhörerschaft für ihre Arbeiten darstellen. Es gibt keine größere Einsamkeit als die eines aufstrebenden Schriftstellers ohne jede Andeutung einer Schallmuschel.

Ich blieb zwei Jahre beim *New Yorker*, und während dieser Zeit wurden eine Reihe meiner Kurzgeschichten in kleinen literarischen Zeitschriften gedruckt. (Einige davon legte ich meinen Dienstherren vor, doch wurden sie alle abgelehnt; einmal allerdings kam eine mit dem folgenden Kommentar zurück: «Sehr gut. Aber romantisch in einer Art und Weise, die nicht die unserer Zeitschrift ist.») Außerdem schrieb ich *Summer Crossing*. Faktisch war es der Wunsch, das Buch zu vollenden, der mich den Mut finden ließ, meine Stellung aufzugeben, New York zu verlassen und zu Verwandten zu ziehen, einer Familie von Baumwollpflanzern, die in einem abgelegenen Teil von Alabama lebten: Baumwollfelder, Viehweiden, Fichtenwälder, Feldwege, Bäche und gemächliche kleine Flüsse, Eichelhäher, Eulen, Bussarde, die in leeren Himmeln kreisten, in der Ferne pfeifende Züge – und, knapp neun Kilometer entfernt, eine kleine ländliche Stadt: das Noon City des Buches, von dem hier die Rede ist. Als ich ankam, war früher Winter, und die Atmosphäre des geräumigen Farmhauses, das ausschließlich mit Öfen und Kaminen beheizt wurde, eignete sich vorzüglich für einen eben flügge gewordenen Romancier, der Ruhe und Abgeschiedenheit suchte. Die Hausgemeinschaft stand um halb fünf auf, frühstückte bei elektrischem Licht und war mit Sonnenaufgang bei der Arbeit – ich blieb allein zurück und in wachsender Panik. Denn *Summer Crossing* erschien mir immer dünner, intellektueller, gefühlloser. In mir keimte eine andere Sprache, eine geheime spirituelle Geografie, und sie nahm Besitz von meinen Tagträumen.

An einem frostigen Dezembernachmittag wanderte ich in einem Wald weit von zu Hause am Ufer eines geheimnisvollen, tiefen, ungemein klaren Baches entlang, einen Pfad, der schließlich zu einem Ort namens Hatters Mühle führte. Die Mühle, die über den Bach gelagert war, lag seit langer Zeit verlassen; einst hatten die Farmer dorthin ihr Korn gebracht, um es zu Maismehl mahlen zu lassen. Als Kind war ich oft mit Vettern und Kusinen zum Fischen und Schwimmen dorthin gegangen; während ich unter der Mühle auf Entdeckungen ausging, wurde ich von einer Wassermokassinschlange ins Knie gebissen – genau so, wie es Joel Knox widerfährt. Und als ich jetzt zu der verlassenen Mühle mit ihren durchhängenden silbergrauen Balken kam, fühlte ich aufs neue den meiner Erinnerung eingeprägten Schock des Schlangenbisses; und andere Erinnerungen kehrten wieder – an Idabel, oder vielmehr an das Mädchen, das Idabels Ebenbild war, daran, wie wir in dem klaren Wasser wateten und schwammen, wo fette getüpfelte Fische lässig in sonnenerhellten Teichen dahintrieben; Idabel versuchte immer, einen mit der Hand zu greifen.

Mich packte Erregung – eine Spielart schöpferischen Komas. Auf dem Heimweg verirrte ich mich und lief kreisförmig im Wald umher, denn in meinem Kopf wirbelte schwindelerregend das ganze Buch. Im allgemeinen ist es so, wenn mir eine Geschichte einfällt, daß sie – wirklich oder scheinbar – *in toto* da ist: ein langanhaltender Blitz, der die berührbare, sogenannt wirkliche Welt verdunkelt und einzig diese plötzlich geschaute pseudo-imaginäre Landschaft erhellt zurückläßt, ein Gelände, das von Gestalten, Stimmen, Räumen, Atmosphären, Wetter erfüllt ist. Und das Ganze gleicht bei seiner Geburt einem zornigen wilden Tigerbaby; man muß es beruhigen und bändigen. Und das ist natürlich die Hauptaufgabe eines Künstlers: die rohe schöpferische Vision zu bändigen und zu formen.

Es war dunkel, als ich heimkam, und kalt, doch ich spürte die Kälte nicht, weil in mir das Feuer brannte. Meine Tante Lucille sagte, sie habe sich Sorgen um mich gemacht, und war betrübt, weil ich nicht zu Abend essen mochte. Sie wollte wissen, ob ich krank sei; nein, sagte ich. Darauf sie: «Aber du siehst krank aus. Du bist so weiß wie ein Gespenst.» Ich sagte gute Nacht, schloß mich in meinem Zimmer ein, feuerte das Manuskript von *Summer Crossing* in eine der unteren Schreibtischschubladen, suchte mehrere scharfgespitzte Bleistifte und einen neuen Block mit liniertem gelbem Papier zusammen, begab mich voll angekleidet zu Bett und schrieb mit pathetischem Optimismus: «*Other Voices, Other Rooms* – Roman von Truman Capote.» Und weiter: «Wer nach Noon City will, muß selber zusehen, wie er am besten hinkommt...»

Es ist ungewöhnlich, begegnet aber zuweilen fast jedem Schriftsteller, daß das Niederschreiben einer bestimmten Geschichte unwillentlich und mühelos erfolgt; es ist, als ob man ein Sekretär wäre, der die Worte einer Stimme aus den Wolken überträgt. Die Schwierigkeit liegt darin, den Kontakt zu dem geisterhaften Diktierenden zu halten. Allmählich stellte sich heraus, daß der Kommunikationsgrad nachts am höchsten stieg, so wie man es vom Fieber nach Einbruch der Dämmerung gewohnt ist. Also ging ich dazu über, die ganze Nacht durchzuarbeiten und tagsüber zu schlafen, eine Gewohnheit, die die Hausbewohner bekümmerte und ständige mißbilligende Kommentare hervorrief: «Aber du stellst alles auf den Kopf. Du ruinierst deine Gesundheit.» Das war der Grund dafür, daß ich im Frühjahr meinen irritierten Verwandten für ihre Großzügigkeit dankte, ihre strapazierte Geduld, und mir eine Fahrkarte für den Greyhound-Bus nach New Orleans kaufte.

Dort angekommen, mietete ich ein Schlafzimmer in der überfüllten Wohnung einer kreolischen Familie, die im französischen Viertel an der Royal Street wohnte. Es war ein kleines, heißes Schlafzimmer, das fast ganz von einem Messingbett ausgefüllt und so laut war wie ein Stahlwerk. Straßenbahnwagen ratterten unter dem Fenster vorbei, und das Lärmen der Touristen, die das Viertel durchzogen, das lautstarke Krakeelen whiskytrunkener Soldaten und Matrosen sorgten für ein beständiges Pandämonium. Gleichwohl kam ich mit meiner Arbeit voran – ich blieb bei meinem nächtlichen Stundenplan –, und im Spätherbst war das Buch zur Hälfte fertig.

Ich hätte nicht so einsam sein müssen, wie es der Fall war. Ich war in New Orleans geboren und hatte viele Freunde dort, suchte jedoch niemand von meinen Bekannten auf, weil ich kein Verlangen nach jener vertrauten

Umwelt hatte und es vorzog, abgeschlossen in meinem selbstgeschaffenen Universum von Zoo und Jesus Fever und dem Wolkenhotel zu bleiben. Mein einziger Umgang war die kreolische Familie, freundliche Arbeiter (der Vater war Hafenarbeiter, seine Frau Näherin), dazu kamen gelegentliche Begegnungen mit Drugstoreverkäufern und Cafébesuchern. Seltsamerweise, denn New Orleans ist keine so große Stadt, traf ich nie jemanden, den ich kannte. Außer, rein zufällig, meinen Vater. Es war ein ironischer Zufall, denn das Hauptthema von *Other Voices, Other Rooms* ist meine Suche nach der Existenz dieser im wesentlichen imaginären Gestalt, wenn ich mir auch dessen damals nicht bewußt war.

Ich aß selten mehr als einmal am Tag, im allgemeinen wenn ich mit meiner Arbeit fertig war. In jener Stunde der Morgendämmerung ging ich durch die feuchten, balkonüberdachten Straßen, vorbei an der St.-Louis-Kathedrale bis zum Französischen Markt, einem Platz, auf dem sich in den dunstigen frühen Morgenstunden die Lastwagen der Gemüsebauern, Goldküstenfischer, Fleischverkäufer und Blumenzüchter drängten. Es roch nach Erde, nach Kräutern und exotischen, würzigen Düften, und die Geräusche des lebhaften Handels klangen, schallten, dröhnten einem betäubend in den Ohren. Ich liebte diesen Platz.

Der Hauptversammlungsort des Marktes war ein Café, in dem es nur bitterschwarzen Zichorienkaffee gab und die knusprigsten, köstlichsten frischgebackenen Doughnuts. Mit fünfzehn hatte ich diesen Ort entdeckt und war ihm verfallen. Der Besitzer des Cafés gab allen Stammgästen Spitznamen; mich nannte er den Jockey, eine Anspielung auf meine Größe und meinen Körperbau. Allmorgendlich warnte er mich mit hämischem, glucksendem Lachen, während ich mich auf Kaffee und Doughnuts stürzte: «Du solltest aufpassen, Jockey. Du wirst nie auf dein Gewicht kommen.»

In diesem Café war ich fünf Jahre zuvor dem Urbild von Vetter Randolph begegnet. Genaugenommen gaben mir zwei Menschen die Idee für Vetter Randolph ein. Als ganz kleines Kind hatte ich einst ein paar Sommerwochen in einem alten Haus in Pass Christian, Mississippi, verbracht. Ich erinnere nur noch wenig davon, außer daß dort ein ältlicher Mann lebte, ein invalider Asthmatiker, der Heilkräuterzigaretten rauchte und erstaunliche Flickendecken herstellte. Er war Kapitän auf einem Schleppnetzfischer gewesen, aber seine Krankheit hatte ihn zur Zurückgezogenheit in einem verdunkelten Zimmer gezwungen. Seine Schwester hatte ihm das Nähen beigebracht; und in der Folge hatte er eine bewundernswerte Begabung in sich entdeckt, Bilder in Stoff auszuführen. Ich besuchte ihn oft in seinem Zimmer, wo er dann seine teppichartigen Decken auf dem Fußboden ausbreitete, damit ich sie bewundern konnte: Rosenbuketts, Schiffe unter vollen Segeln, eine Schale mit Äpfeln.

Der andere Randolph, der geistige Ahnherr der Gestalt, war der Mann, dem ich im Café begegnete, ein dicklicher blonder Bursche, von dem es hieß, daß er unheilbar an Leukämie erkrankt sei. Der Besitzer nannte ihn den Skizzenmaler, weil er stets allein in einer Ecke saß und in ein großes Loseblattbuch Skizzen der Gäste, der Gemüsehändler und Viehzüchter, zeichnete. Eines Abends war offensichtlich ich sein Objekt; nachdem er eine Weile skizziert hatte, kam er zur Theke herübergeschlendert, an der ich saß, und sagte: «Du bist ein ‹Wunderkind›, stimmt's? Ich sehe es an deinen Händen.» Ich wußte nicht, was das deutsche Wort Wunderkind bedeutete; ich dachte, er wolle entweder einen Scherz machen oder aber einen zweifelhaften Antrag. Doch dann erklärte er das Wort, und ich war entzückt: stimmte es doch mit meiner eigenen Meinung genau überein. Wir wurden Freunde; danach traf ich ihn nicht nur im Café, sondern wir unternahmen auch gemächliche Spaziergänge am Uferdamm entlang. Wir führten keine großen Gespräche, denn er bestritt allein die Unterhaltung, besessen von Tod, betrogener Leidenschaft und unvollendetem Talent.

All dies begab sich in einem einzigen Sommer. In jenem Herbst kam ich auf eine Schule im Osten, und als ich im Juni zurückkehrte und den Besitzer nach dem Skizzenmaler fragte, sagte er: «Ach, der ist tot. Hab's in der *Picayune* gelesen. Wußtest du, daß er reich war? Hm. Stand jedenfalls in der Zeitung. Es stellte sich heraus, daß seiner Familie das halbe Land um den See von Pontchartrain gehörte. Stell dir bloß vor. Man weiß eben nie genau.»

Das Buch wurde in einer Landschaft beendet, die weit entfernt war von derjenigen, in der ich es begonnen hatte. Ich zog umher und arbeitete in North Carolina, Saratoga Springs, New York, und schließlich mietete ich ein kleines Landhaus auf Nantucket. Dort schrieb ich die letzten Seiten, an einem Schreibtisch am Fenster, aus dem man den Himmel sah und Sand und hereindrängende

Brandung. Ich schloß sie ab, ungläubig, daß der Augenblick da war – in zugleich bekümmerter und freudiger Verwunderung.

Ich bin kein begeisterter Leser meiner eignen Bücher: was fertig ist, ist fertig. Außerdem fürchte ich immer die Entdeckung, daß meine grimmigeren Übelredner vielleicht recht haben und das Buch nicht so gut ist, wie ich zu glauben geneigt war. So habe ich mir auch *Other Voices, Other Rooms* nie wieder richtig vorgenommen, bis mich diese Betrachtung dazu veranlaßte. Vorige Woche habe ich es in einem Zug gelesen.

Und? Und ich war, wie schon angedeutet, verblüfft über seine symbolischen Fluchtwege. Abgesehen davon hat es Stellen, die mir vollkommen scheinen, während andere Unbehagen in mir wecken. Im ganzen aber war es so, als läse ich das jungfräuliche Manuskript eines mir völlig Fremden. Ich war beeindruckt von ihm: Weil sein Werk den rätselvollen Schimmer eines gegen das Licht gehaltenen, seltsam gefärbten Prismas hat – dies und eine gewisse angstvolle, flehende Intensität gleich der Botschaft eines schiffbrüchigen Seefahrers, die in eine Flasche gesteckt und ins Meer geworfen wurde.

Deutsch von Marguerite Schlüter

Mae West

Ein tollkühner junger Mann mit großem Bekanntenkreis hatte einmal den Einfall, eine ungewöhnliche Teegesellschaft zu geben. Sie sollte zu Ehren von Miß Mae West stattfinden, die zu der Zeit in einem Nachtclub von Manhattan auftrat. Dame Edith Sitwell war gebeten, den Tee einzuschenken – eine Aufgabe, die die Dame als stets begeisterte Anhängerin ausgefallener Veranstaltungen zu übernehmen einwilligte. Die ganze New Yorker Prominenz war hinter Einladungen her, aufgestachelt von der Aussicht auf eine Begegnung zwischen zwei Damen von so verschiedenartiger Berühmtheit.

«Lieber Freund», beglückwünschte man den jungen Mann im voraus, «das wird die Superschau der Saison.»

Aber es ging alles daneben. Um vier rief Dame Edith an und bedauerte, wegen Kehlkopfentzündung absagen zu müssen. Als es sechs wurde und die Party schon auf dem Mittelpunkt war, schien es, als ob auch Miß West die Gesellschaft aufsitzen lassen würde.

Vergrämte Gäste sprachen von einem Schabernack. Um sieben zog sich der Gastgeber in ein Privatgemach zurück. Zehn Minuten später erschien der Ehrengast, und diejenigen, die dann noch übrig waren, bedauerten nicht, ausgeharrt zu haben. Sie bedauerten es nicht, waren aber reichlich verwirrt: das allgemein bekannte Zubehör war vorhanden – die messingfarbene Perücke, die orientalischen Augen mit Wimpern wie Krummsäbel, die unwahrscheinlich weiße Haut, die Figur wie eine gigantische Eieruhr, dieser ganze Traum eines Strafgefangenen; nichts fehlte – außer Miß West.

Denn dies konnte doch wohl die wirkliche Mae nicht sein. Dennoch war es in der Tat Miss West: eine unsichere, eine genierte und verletzliche, eine auf unerklärliche Weise jungfräuliche Frau, deren verspätetes Erscheinen möglicherweise darauf zurückzuführen war, daß sie zögernd auf der Straße herumgestanden hatte, ehe sie den Mut fand, auf die Klingel zu drücken. Wenn man beobachtete, wie die Andeutung eines Lächelns um ihre Lippen spielte, ohne jedoch Form zu gewinnen, wie sie mit etwas rauchiger Stimme ihr «Nettsiekennenzulernen» flüsterte und, als sei sie zu schüchtern fortzufahren, sich sogleich von jedem potentiellen Dialog zurückzog, wurde einem die Glanzleistung ihrer Bühnenrolle, deren gespenstische und perfekte Vollkommenheit mit einem Schlag klar. Herausgelöst aus dem schützenden Dekorum ihrer lächerlichen Bühnengestalt, dieses asexuellen Symbols hemmungsloser Sexualität, war sie wehrlos: ihre langen Wimpern zitterten wie die Fühler eines Käfers, der auf dem Rücken liegt.

Nur ein einziges Mal gab die robustere Mae sich zu erkennen. Daß sie zum Vorschein kam, war einem eifrigen jungen Mädchen zuzuschreiben, das auf die Schauspielerin zuging und verkündete: «Ich habe letzte Woche *Diamond Lil* gesehen; es war großartig.»

«Wirklich, Liebste? Wo haben Sie's denn gesehen?»

«Im Museum. Dem Modern Museum.»

Worauf eine entsetzte Mae West, in ihrem ureigenen, langgezogenen affektierten Tonfall Schutz suchend, fragte: «Was genau meinen Sie denn damit, Liebste – mit Museum???»

Deutsch von Ingeborg Müller

Louis Armstrong

Satchmo wird es sicher vergessen haben, aber er war einer der ersten Freunde des Autors; ich begegnete ihm, als ich vier war, also um 1928; und er, ein untersetzter, angriffslustiger, im übrigen glücklicher brauner Buddha spielte auf einem Vergnügungsdampfer, der zwischen New Orleans und St. Louis hin- und herpendelte. Ich hatte – egal, weshalb – Gelegenheit, diese Fahrt sehr oft zu machen, und für mich sind der süße Zorn von Armstrongs Trompete, der froschhafte, überschwengliche «Komm-her-Baby»-Ton seines rauhen Gesanges ein Stück von Prousts Madeleine-Gebäck: sie lassen den Mississippi-Mond wieder aufgehen, beschwören die trüben Lichter der Städte am Fluß, den Klang der Schiffssirenen (der dem Gähnen eines Alligators gleicht) – ich höre die Binsen des Braunen Flusses am Schiff entlangstreichen; und ich höre vor allem den grinsenden Buddha zu seinem *Sunny Side of the Street* mit dem Fuß den Takt stampfen,

während die tanzenden Liebespärchen, von
geschmuggeltem Schnaps benebelt und ihren Talkumpuder durchschwitzend, sich
eng umschlungen durch den Tanzsaal des
Schiffes schieben. Satchmo war nett zu
mir, er sagte mir, daß ich Talent hätte und
ins Varieté gehörte; er schenkte mir ein
Bambusstöckchen und eine Kreissäge mit
einem giftgrünen Band; und jeden Abend
verkündete er vom Podium: «Meine Damen und Herren, und jetzt stellen wir Ihnen eins der reizenden amerikanischen
Kinder vor, es wird Ihnen einen kleinen
Steptanz vorführen.» Hinterher ging ich
zwischen den Passagieren umher und sammelte Fünf- und Zehncentstücke in meinen
Hut. Das ging so den ganzen Sommer
lang, ich wurde reich und eitel; aber im
Oktober wurde der Fluß unruhig, der
Mond bleicher, die Passagiere rarer, die
Bootsfahrten endeten und mit ihnen meine
Karriere. Als ich sechs Jahre später in
einem Internat war, aus dem ich ausreißen
wollte, schrieb ich an meinen früheren, inzwischen berühmt gewordenen Wohltäter
und fragte, ob er mir, wenn ich nach New
York käme, wohl im Cotton Club oder irgendwo sonst einen Job verschaffen
könnte? Es kam keine Antwort, vielleicht

hat der Brief ihn nie erreicht, es macht auch nichts, ich liebte ihn trotzdem weiter – liebe ihn noch heute.

Deutsch von Ingeborg Müller

Jean Cocteau und André Gide

André Gide, dieser moralisierende Immoralist, ein Schriftsteller, der mit Aufrichtigkeit begabt war, dem sich jedoch die Phantasie versagte, äußerte eindeutiges Mißfallen gegenüber Jean Cocteau, den die launischen Musen im umgekehrten Sinn mit ihren Gaben bedacht und sowohl als Menschen wie als Künstler zu einem ungeheuer phantasievollen, aber leidenschaftlich unaufrichtigen Geschöpf gemacht hatten. Um so interessanter, daß ausgerechnet André Gide die genauste und eben deshalb einfühlsamste Beschreibung unseres ältesten *enfant terrible* gegeben hat.

Gide notiert in seinem Tagebuch – es ist August 1914: «Jean Cocteau hatte sich mit mir in einem ‹englischen Tearoom› verabredet, Ecke rue de Ponthieu und Avenue d'Antin. Es machte mir kein Vergnügen, ihn wiederzusehen, ungeachtet seiner außerordentlichen Nettigkeit; er ist jedoch jedes Ernstes unfähig, und all seine Einfälle, seine Geistreicheleien, seine Sensationen, die ganze außergewöhnliche Brillanz seiner gewohnten Konversation schockierten mich wie ein in Hunger- und Trauerzeiten ausgestellter Luxusartikel. Er ist beinah wie ein Soldat gekleidet, und das Reizklima der gegenwärtigen Ereignisse hat ihm gesündere Farben verliehen. Er verzichtet auf nichts, gibt lediglich seiner gewohnten Munterkeit einen martialischen Drall. Als er von dem Gemetzel bei Mühlhausen spricht, gebraucht er amüsante Adjektive und possenhafte Gebärden; er ahmt den Klang der Clairons und das Pfeifen der Schrapnells nach. Dann behauptet er, das Thema wechselnd, da er sieht, daß ich ihn nicht amüsant finde, er sei traurig; er will traurig sein auf die gleiche Weise, in der man selber traurig ist, macht sich unvermittelt die Stimmung seines Gegenübers zu eigen und erläutert sie ihm. Dann spricht er von Blanche, äfft Mme. R. nach und erzählt die Geschichte von der Dame beim Roten Kreuz, die auf der Treppe rief: ‹Man hat mir für heute morgen fünfzig Verwundete versprochen; ich will meine fünfzig Verwundeten haben!› Währenddem zerkrümelt er ein Stück Rosinenkuchen auf seinem Teller und verspeist es in kleinen Bissen; seine Stimme wird unvermittelt lauter, kippt um; er lacht, lehnt sich vor, beugt sich zu einem herüber und berührt einen. Das Seltsame ist, daß ich überzeugt bin, er würde einen guten Soldaten abgeben. Er versichert mit Nachdruck, daß er das würde und daß er Mut habe. Er hat die sorglose Art eines Gassenjungen; in seiner Gesellschaft fühle ich mich höchst unbehaglich, schwerfällig und deprimiert.»

Im Frühling des Jahres 1950 hatte Gide auf der Piazza der sizilianischen Stadt, in der er Ferien machte (es war sein letztes Lebensjahr), eine erneute Begegnung mit Cocteau, die letzte, und der Schreiber dieser Zeilen war ihr zufälliger Zeuge. Gide hatte die Gewohnheit, die Vormittagsstunden in der Sonne auf der Piazza sitzend zu verträumen; da saß er und trank in kleinen Schlucken aus einer Flasche frisch vom Meer heraufgebrachtes Salzwasser, ein regungsloser Mandarin, in einen wollenen winterlichen schwarzen Umhang gehüllt und mit einem dunklen weichen Filzhut, dessen breite Krempe sein starres gelbes Antlitz beschattete: ein der Muße hingegebenes Heiligenbild (in etwa), das weder sprach noch angesprochen wurde, von gelegentlichen Unterhaltungen mit denjenigen unter den Dorf-Ganymeds abgesehen, die seine Phantasie reizten. Dann betrat eines Morgens

Cocteau, stöckchenschwingend und schlendernden Schritts, die Piazzaszene und machte sich daran, die stahläugigen Träumereien von *Il Vecchio* (wie die Dorf-*ragazzi* den würdigen Achtziger nannten) zu stören. Vierunddreißig Jahre waren seit jener Teestunde im Krieg vergangen, doch in der Haltung beider Männer zueinander hatte sich nichts geändert. Cocteau war noch immer angestrengt bemüht, zu amüsieren, war noch immer die regenbogengeflügelte tanzende Libelle, die die Kröte nicht nur aufforderte, sie zu bewundern, sondern vielleicht auch zu verspeisen. Er tanzte herum, und seine klirrende Fröhlichkeit wetteiferte mit dem Glöckchengeklingel vorüberziehender Eselkarren, er versprühte Funken galligen Esprits, die brannten wie die Sonne Siziliens, er funkelte, schwärmte, berührte zärtlich die Knie des alten Mannes, streichelte seine Hände, drückte seine Schultern, küßte seine pergamentnen mongolischen Wangen – doch nichts vermochte Il Vecchio zu erwekken: als ob sich ihm beim Gedanken daran, ein derart buntschillerndes Futter zu verdauen, der Magen umdrehe, verharrte er wie ein appetitloser Frosch an dornigem Farn; bis er schließlich krächzte: «Sein Sie doch still. Sie stören die Aussicht.»

Sehr wahr: Cocteau störte die Aussicht. Das tat er immer, seit er als siebzehnjähriges opiumrauchendes Wunderkind sein Debüt gegeben hatte. Über mehr als vier Jahrzehnte veranstaltete dieser ewige Knabe ein Spaß-für-jedermann-Vaudeville, in dessen Verlauf er sich vielfach strahlend verwandelte: Dichter, Romancier, Theaterschriftsteller, Journalist, Designer, Maler, Ballettschöpfer, Filmproduzent, professioneller Unterhalter. Die meisten dieser Kostüme standen ihm gut, einige sogar ausgezeichnet. Doch in der Gestalt des katalytischen Agens erwies sich seine größte Begabung: als Verwandler und Propagandist der Ideen und Gaben anderer – von Radiguet bis Genet, Satie bis Auric, Picasso bis Bérard, Worth bis Dior. Cocteau hat bedingungslos in seiner Zeit gelebt und mehr als jeder andere den französischen Geschmack dieses Jahrhunderts geprägt. In Cocteaus Verwandtschaft mit seiner Epoche, seiner ausschließlichen Beziehung zur Moderne wurzelte Il Vecchios Aversion. «Ich versuche nicht, mich mit meiner Epoche zu identifizieren; ich versuche meine Epoche zu überströmen», war Gides erklärte Ambition, eine lobenswerte zudem. Aber ist es nicht möglich, daß ein Mann, der unser Heute und Hier in solchem Ausmaß belebt hat, in irgend jemandes Morgen wenn schon nicht hinüberströmt, so doch zumindest tropfenweise überfließt?

Deutsch von Marguerite Schlüter

Humphrey Bogart

Wenn man genau auf das Vokabular eines Menschen achtet, wird man feststellen, daß bestimmte Schlüsselwörter immer wieder auftauchen. Bei Bogart, dessen sarkastischer Privatwortschatz, überschlägig betrachtet, kaum druckfähig ist, waren «Bum» (miese Type, Niete) und «Professional» (Könner, feiner Kerl) zwei verbale Hinweisschilder dieser Art. Ein äußerst moralischer – mit etwas Übertreibung könnte man fast sagen «prüder» – Mann, benutzte er «Professional» als Platinorden, mit dem er Leute auszeichnete, deren Verhalten er billigte; «Bum», das genaue Gegenteil freundschaftlicher Zuwendung, drückte, von ihm ausgesprochen, ein fast an Beleidigung grenzendes Mißfallen aus. «Mein alter Herr», bemerkte er einmal über seinen Vater, der ein angesehener New Yorker Arzt gewesen war, «starb mit zehntausend Dollar Schulden, und ich mußte jeden Cent davon zurückzahlen. Ein Kerl, der seine Frau und seine Kinder unversorgt zurückläßt, ist ein Bum.» Bums waren auch Kerle, die ihre Frauen betrogen, die die Steuer betrogen, sowie alle Jammerlappen, Schwätzer, die meisten Politiker, die meisten Schriftsteller, Frauen, die tranken, Frauen, die auf Männer, die tranken, herabsahen; aber der Bum reinsten Wassers war der Bursche, der sich vor seiner Arbeit drückte, der nicht ein penibel korrekter Professional in seinem Beruf war. Er selbst war es, weiß Gott. Egal, ob er bis zum Morgengrauen Poker spielte und einen Brandy zum Frühstück heruntergoß: immer war er pünktlich auf der Szene, fertig geschminkt und mit wörtlich gelernter Rolle (der stets gleichen Rolle, zugegeben, aber es gibt nichts Schwierigeres, als Wiederholung immer wieder interessant zu machen). Nein, bei Bogart gab es nicht die Spur irgendwelcher Bum-Allüren; er war ein Schauspieler ohne Theorien (na schön, mit einer: daß ihm hohe Gagen zustünden); ohne Launen, aber nicht ohne Temperament; und weil er begriff, daß Disziplin für künstlerisches Sichbehaupten unerläßlich ist, behauptete er sich, hinterließ er seine Spur.

Deutsch von Ingeborg Müller

Marilyn Monroe

Die Monroe? Im Grunde genommen eine Schlampe, eine Art unordentlicher Gottheit – etwa in dem Sinn, wie ein Eisbecher mit Früchten unordentlich, aber himmlisch ist.

Feuchtglänzende Lippen, überwältigende Blondheit und verrutschte BH-Träger, das rhythmische Beben unruhigen Fleisches, das in einem zu engen Dekolleté um Platz kämpft – das sind ihre Warenzeichen, sind die karikierbaren Parademerkmale, an denen sie, sollte man meinen, in aller Welt auf den ersten Blick zu erkennen wäre.

Im sogenannten wirklichen Leben jedoch ist die Monroe nicht leicht zu identifizieren. Sie bewegt sich durch die New Yorker Straßen, ohne von Blicken belästigt zu werden, sie winkt nach Taxis, die nicht anhalten, bekommt in einem Straßencafé Orangensaft von einem Kellner serviert, der nicht ahnt, daß sein Gast das Ziel einiger seiner hochfliegenderen Wunschträume ist. Meistens muß einem wirklich *gesagt* werden, daß die Monroe die Monroe ist, denn bei flüchtigem Hinsehen hält man sie lediglich für ein weiteres Exemplar der amerikanischen Geisha, des Spesenschätzchens, jener Kabarettschönheiten, deren Karrieren von gefärbtem Haar mit zwölf Jahren zu ein bis drei geangelten Ehemännern mit zwanzig Jahren verlaufen.

Aber obwohl einiges an der Monroe hierfür sehr typisch wirkt, gehört sie dennoch nicht in diese Kategorie; dafür ist sie nicht hart genug. Sie ist sensibel und konzentriert – von jeher das Geheimnis dafür, daß eine Begabung «ankommt», was ihre zweifellos tut. Die Rolle, die sie darstellt, ein Stück menschliches Strandgut, keß und mitleiderregend zugleich, ist überzeugend und hat großen Charme; was übrigens durchaus begreiflich ist, weil es kaum einen Unterschied zwischen ihrer Filmgestalt gibt und dem Eindruck, den man von ihr persönlich gewinnt. Der Reiz ihrer privaten wie ihrer Filmpersönlichkeit ist auf denselben Umstand zurückzuführen: darauf, daß sie eine Waise ist – sowohl tatsächlich als auch gemütsmäßig. Sie ist gezeichnet und gekennzeichnet durch die Stigmata der Waisenkind-Mentalität: obwohl sie niemandem traut, jedenfalls nicht sehr weit, schuftet sie wie verrückt, um jedermanns Wohlwollen zu erringen. Sie möchte aus jedem von uns einen liebevollen Beschützer machen, und folglich sind wir, ihr Publikum, ihre Bekannten, geschmeichelt, aufgerüttelt, von Mitgefühl erfüllt. Ihre tiefeingewurzelte Angst (wer zu jeder Verabredung mindestens eine Stunde zu spät kommt, tut das aus Unsicherheit und Angst, nicht aus Eitelkeit; auf die gleiche Angst, eine Anspannung, die von der stetigen Notwendigkeit zu gefallen herrührt, sind ihre häufigen stimmlichen Indispositionen zurückzuführen, ihre abgeknabberten Fingernägel, ihre feuchten Hände, ihre Anfälle von japanerhaftem Kichern) – diese Angst löst bei uns weichherzige Anteilnahme aus, die durch die strahlende Erscheinung dieser Frau nicht im geringsten vermindert wird: was könnte verlockender, berückender, entwaffnender sein als eine gefeierte Persönlichkeit, die wir aufgerufen – und fähig – sind, zu bemitleiden? In einer solchen Situation können alle Beteiligten zwei entgegengesetzte Empfindungen zugleich genießen.

Wir bekommen immer wieder zu lesen, daß die Monroe eine «Institution», ein «Symbol» sei. Sogar ihr jetziger Mann, der Schriftsteller Arthur Miller, möchte uns das in einem kürzlich veröffentlichten Artikel einreden. Aber Institutionen haben die Tendenz, lustlos-düster zu wirken, und Symbole sind blutleer. Es wäre ein großer Jammer, wenn dieses lebensvolle, liebenswerte Geschöpf es jemals zuließe, in den Käfig so trostloser Begriffe eingesperrt zu werden.

Deutsch von Ingeborg Müller

Jane Bowles

Es muß sieben oder acht Jahre hersein, seit ich die moderne Legende mit Namen Jane Bowles das letzte Mal gesehen habe; auch gehört habe ich seitdem nicht von ihr, jedenfalls nicht direkt. Aber ich bin überzeugt, daß sie sich nicht verändert hat. Bekannte, die kürzlich in Nordafrika waren und mit ihr in einem dämmrigen Kasbah-Café zusammengesessen haben, bestätigten mir, daß das stimmt und daß Jane mit ihrem Dahlienkopf kurzgeschorener, lockiger Haare, ihrer Stupsnase und ihren übermütigen, ein klein bißchen verrückten Augen, ihrer sehr originellen Stimme (einem heiseren Sopran), ihrer jungenhaften Kleidung und ihrer mädchenhaften Figur und ihrem leicht hinkenden Gang mehr oder weniger noch genau so ist, wie sie war, als ich sie vor über zwanzig Jahren kennenlernte: schon damals wirkte sie wie das ewige Straßengör, wie der denkbar zauberhafteste unerwachsene Mensch; dennoch hatte sie in ihren Adern etwas Kühleres als Blut, und dazu eine Intelligenz, eine exzentrische Klugheit, die kein Kind, nicht einmal das außergewöhnlichste Wunderkind, je besessen hat.

Als ich Mrs. Bowles kennenlernte (1944? 1945?), war sie in bestimmten Kreisen bereits eine gefeierte Persönlichkeit: obwohl sie erst in ihren Zwanzigern war, hatte sie einen sehr eigenwilligen und viel beachteten Roman, *Two Serious Ladies* (Zwei seriöse Damen), herausgebracht; sie hatte den begabten Komponisten und Schriftsteller Paul Bowles geheiratet und wohnte zusammen mit ihrem Mann in einem sagenhaften Gästehaus, das der verstorbene George Davis auf den Brooklyn Heights errichtet hatte. Zu den übrigen Mietern gehörten Richard und Ellen Wright, W. H. Auden, Benjamin Britten, Oliver Smith, Carson McCullers, Gypsy Rose Lee und (wenn ich mich recht erinnere) ein Schimpansen-Dresseur mit einem seiner Hauptdarsteller. Jedenfalls war es eine bizarre Hausgemeinschaft. Aber selbst inmitten einer so imponierenden Gesellschaft blieb Mrs. Bowles aufgrund ihres Talents und der merkwürdigen Vorstellungswelt, die dazugehörte, sowie aufgrund dieser überraschenden Wesensmischung aus der Treuherzigkeit eines verspielten jungen Hundes und der Raffinesse einer Katze eine eindrucksvolle und stets im Vordergrund stehende Gestalt.

Jane Bowles ist eine Linguistin ersten Ranges; sie spricht vollendet Französisch, Spanisch und Arabisch – vielleicht liegt darin der Grund, daß die Dialoge in ihren Geschichten manchmal den Eindruck erwecken – bei mir jedenfalls –, als seien sie aus einer reizvollen Kombination anderer Sprachen ins Englische übersetzt. Diese Sprachen hat sie sich übrigens selber beigebracht – ihre Beherrschung ist sozusagen ein Nebenprodukt von Mrs. Bowles' Nomadenleben: von New York aus ging sie nach Europa, das sie kreuz und quer bereiste, setzte sich von dort – der Krieg stand bevor – nach Zentralamerika ab, ging weiter nach Mexiko und machte dann eine Zeitlang Station in der historischen *ménage* von Brooklyn Heights. Von 1947 an hat sie fast dauernd im Ausland gelebt: in Paris oder Ceylon, meist aber in Tanger. Man könnte Jane und Paul Bowles jetzt ohne weiteres als ständige Tangerinos bezeichnen, so sehr sind sie mittlerweile mit dieser steil ansteigenden, grellweißen und dunkelschattigen Hafenstadt verwachsen. Tanger besteht aus zwei überhaupt nicht zusammenpassenden Stadtteilen; der eine ist ein langweiliger, moderner Bezirk voller Bürogebäude und hoher, bedrückender Wohnhäuser, der andere ist die Kasbah, die sich durch ein mittelalterliches Gewirr von Gassen und Lauben und nach Kif und Minze riechenden Piazzas hinunter zu dem von Matrosen wimmelnden und vom Heulen der Schiffssirenen erfüllten Hafen zieht. Die Bowles haben sich in beiden Stadtteilen niedergelassen – haben eine sterile Komfortwohnung im modernen Viertel und außerdem ein verstecktes Refugium im dunkleren arabischen Nachbarviertel: ein Eingeborenenhaus, das eines der winzigsten der ganzen Stadt sein muß. Die Decken sind so niedrig, daß man im wahrsten Sinne des Wortes fast auf Händen und Füßen von einem Raum in den anderen kriechen muß; aber die Zimmer selber sind wie eine Reihe entzückender Vuillards in Postkartengröße – maurische Kissen häufen sich auf maurisch gemusterten Teppichen, alles ist gemütlich wie ein Puppenhaus und erleuchtet von raffinierten Ampeln und dem durch die Fenster eindringenden Himmelslicht; dazu eine Aussicht auf die Minarette und Schiffe und die verwaschenen Dächer der Eingeborenenwohnungen, die sich stufenweise wie eine Geistertreppe immer weiter bis zu der lärmerfüllten Küste fortsetzen. Jedenfalls ist es *mir* so in Erinnerung von meinem einzigen

Besuch, den ich dort einmal bei Sonnenuntergang gemacht habe – vor vielleicht fünfzehn Jahren.

Eine Zeile von Edith Sitwell: *Jane, Jane, the morning light creaks down again* (Jane, Jane, das Morgenlicht bricht wieder ein); sie stammt aus einem Gedicht, das ich immer geliebt habe, ohne es allerdings, wie mir das bei dieser Autorin oft geht, ganz zu verstehen. Es sei denn, daß «morning light» ein bildhaftes Symbol für Erinnerung (?) ist. Meine eigenen ergiebigsten Erinnerungen an Jane Bowles konzentrieren sich auf einen Monat, den ich Tür an Tür mit ihr in einem anheimelnd schäbigen Hotel in der Rue du Bac während eines eisigen Pariser Winters verbrachte – Januar 1951. Manchen kalten Abend machten wir es uns in Janes Zimmer gemütlich (das angefüllt war mit Büchern und Papieren und Eßwaren und einem munteren weißen Pekinesenjungen, das sie einem spanischen Matrosen abgekauft hatte); es waren lange Abende, an denen wir Schallplatten hörten und warmen Apfelschnaps tranken, während Jane auf ihrem elektrischen Kocher herrliche durcheinandergekochte Stews fabrizierte. Sie ist eine gute Köchin, das kann man wohl behaupten, eine regelrechte Schlemmerin, was man auch ihren Erzählungen entnehmen kann, die voll von Berichten über kulinarische Genüsse sind. Kochen ist allerdings nur eine von ihren zusätzlichen Begabungen; außerdem ist sie eine fast erschreckend treffsichere Imitatorin und kann aus einer nostalgischen Bewunderung heraus die Stimmen mehrerer Sängerinnen wiedergeben – Helen Morgans zum Beispiel, oder die ihrer guten Freundin Libby Holman. Jahre darauf schrieb ich eine Erzählung mit dem Titel *Among the Paths to Eden* (Auf all den Wegen nach Eden), in der ich, ohne mir dessen bewußt zu sein, die Heldin mit einigen von Jane Bowles' Charakteristika ausstattete: ihrem steifbeinigen Hinken, ihrer Brille, ihren glänzenden und überzeugenden Fähigkeiten als Imitatorin. («Sie wartete, wie lauschend auf die Musik, auf den Einsatz, und dann: *Don't ever leave me, now that you're here! Here is where you belong. Everything seems so right when you're near, when you're away it's all wrong.* Und Mr. Belli war betroffen, denn was er da hörte, war aufs Haar Helen Morgans Stimme, und die Stimme, mit ihrer verletzlichen Süße, ihrer Reinheit, ihrem zärtlichen Erzittern, wenn sie sich zu den hohen Tönen aufschwang, schien nicht geborgt, schien Mary O'Meaghans eigener und natürlicher Ausdruck eines verborgenen Einsseins.«) Ich dachte nicht an Mrs. Bowles, als ich Mary O'Meaghan schuf, eine Gestalt, der sie in keinem wesentlichen Zug ähnelt. Aber daran, daß eine Spur von ihr auf diese Weise zum Vorschein kam, läßt sich der starke Eindruck ermessen, den Jane von jeher auf mich gemacht hat.

Während jenes Winters arbeitete Jane an *In the Summer House* (Im Sommerhaus), dem Stück, das später so ausgezeichnet in New York herausgebracht wurde.

Ich bin nicht besonders wild aufs Theater: die meisten Stücke stehe ich nicht bis zu Ende durch; trotzdem habe ich *In the Summer House* dreimal gesehen, und zwar nicht aus Loyalität der Autorin gegenüber, sondern weil das Stück bissigen Esprit hat, die Würzigkeit eines neuartigen, erfrischend bitteren Getränks – die gleichen Vorzüge also, die mich auch schon bei Mrs. Bowles' Roman *Two Serious Ladies* gefesselt hatten.

Das einzige, was ich gegen Mrs. Bowles vorzubringen habe, betrifft nicht die Qualität, sondern die Quantität ihrer Arbeit. Der vorliegende Band stellt sozusagen ihr Gesamtwerk dar. Und so dankbar wir dafür sind, hätten wir doch recht gern noch etwas mehr. Als wir einmal über einen Kollegen sprachen, der müheloser arbeitet als wir beide, sagte Jane: «Aber ihm fällt es so leicht. Er schreibt im Handumdrehen – wörtlich im Handumdrehen!» In Wirklichkeit ist Schreiben niemals leicht; falls irgend jemand es noch nicht wissen sollte: es ist die härteste Arbeit, die es gibt, und für Jane wächst sie sich, glaube ich, zur wahren Quälerei aus. Und warum nicht? – da sie sich sowohl ihre Sprache wie ihre Themen auf langen, qualvollen Wegen und steinigen Geröllhalden erkämpft: diese ihren Gestalten nie zum Bewußtsein kommenden Beziehungen untereinander; diese geistigen und körperlichen Unbilden, mit denen sie sie umgibt und erfüllt – jedes Zimmer eine Scheußlichkeit, jede Stadtlandschaft ein Neon-Albtraum. Und dennoch ist Jane Bowles, obwohl das tragische Moment ihre Vorstellungswelt beherrscht, eine sehr amüsante Autorin, eine Humoristin von Rang – allerdings *nicht*, nebenbei bemerkt, auf dem Gebiet des Schwarzen Humors. Der sogenannte Schwarze Humor ist im besten Fall eine hübsche Kunstfertigkeit, bei der bewußt auf jede Andeutung von Gefühl verzichtet wird. Jane Bowles versteht es, menschliche Eigenartigkeit und Exzentrizität differenziert zu erfassen und in ihrem Werk darzustellen – eine Fähigkeit, die uns große Hochachtung für sie als Künstlerin abfordert.

Deutsch von Ingeborg Müller